人生成长、开路拓荒，生活导向、素质辉煌

家教思想、父母学堂，备忘以纲、用法无常

家风暖阳

袁名万 ◎ 著

团结出版社

图书在版编目（CIP）数据

家风暖阳 / 袁名万著 . -- 北京：团结出版社，

2024.7. -- ISBN 978-7-5234-1023-3

Ⅰ . G78

中国国家版本馆 CIP 数据核字第 2024XB0079 号

出　　版：团结出版社

　　　　　（北京市东城区东皇城根南街 84 号　邮编：100006）

电　　话：（010）65228880　65244790

网　　址：www.tjpress.com

E - mail: 65244790@163.com

装帧设计：书香力扬

经　　销：全国新华书店

印　　刷：四川科德彩色数码科技有限公司

开　　本：130mm×190mm　1/32

印　　张：5.5

字　　数：106 千字

版　　次：2024 年 7 月第 1 版

印　　次：2024 年 7 月第 1 次印刷

书　　号：ISBN 978-7-5234-1023-3

定　　价：46.00 元

作者简介

袁名万，男，汉族，1963年2月出生，四川达州人，1983年四川大学金属材料专业本科毕业，高级工程师。在航天某军工企业十年，深耕过科技、教学、建设、营销等工作，1993年创建四川兰德高科技产业有限公司并发展为业内前茅企业，持续担任董事长、总经理、总工程师。先后兼任成都市新都区十八届人大常委会委员，十九届人大经济委委员，四川大学材料学院研究生校外导师，成都市经信局专家库成员。其间获得发明专利6项，发表学术论文6篇，向社会捐款超过600万元。

作者在科技方面以金属失效分析见长，在实业方面以项目评估与企业管理见长，在教育方面对人的素质结构及家庭教育有独特认知，创办有天巢成长工作室。

引　言

～

家风暖阳、爱亲标榜，尊重向往、父母成长。

童趣时光、奇思妙想，需求开创、成就滋养。

自然遂愿、家教悠然，活动宽泛、蓄势可观。

作者之见、井底看天，信口之间、引玉抛砖。

《家风暖阳》是作者关于孩子家庭教育与学习成长的心思凝结。

教育与成长的话题，首先涉及教育的目的，这是一个非常重要又缺少标准答案的课题，不过我们可以从对"优秀"与"成功"的理解开始研究。什么是优秀，什么是成功？优秀表现为指标的超越，像产品的质量，具有可比性。成功表现为行动的效果，像产品的功效，具有实用性。质量不代表功效，优秀不代表成功。那么，人生活成什么样才算成功呢？作者认为，通过学习及追求实践，具备了足够素质、实力与本事并取得了幸福的实效就算成功。其中，让自己及亲人的物质生活殷实、稳定、可靠，精神生活轻松、自由、充实，算个人层面的成功；活出自我，为弱势群体或大众提供了帮助或方便，为社会创造了财富与文明，为国家贡献了力量，为人类奉献了智慧，算社会层面的成功。

素质，是人的性能要素及对应的品质。作者通过三十年实体企业人才选育经历及十年涉校教育实践，从成效输出端思考人的素质构成与教育的有效性，把人的素质分解为人格、生机、心智、技能、文化、素养、实力、需求八大类属，再从各大类属中分解出50余个形象生动、通俗具体的基础要素指标，构建起一个描述人的质性的要素指标模型体系，简称"8-50"要素体系。有了这个指标模型，人的全部素质一目了然，人生需要什么，教育要干什么及怎么干，就不难理解了。借助这个目标体系，迷茫的个体可以快速找到自己的关切点，辨别自己的强弱，甚至发掘更多的优势与长处，从而张扬个性；焦虑的家长可以对比反省：孩子苦苦追求的目标是否符合人生的需要？还有哪些更大的潜能正在被忽略？从而调整方向；学习困难的孩子可以直观地看到，除了考试分数还有更大的希望，除了教室还有更宽广的舞台，从而提振信心。

家庭教育的过程，通常是指儿童时期或成人之前父母对孩子的教育，这里延伸为在父母或长辈的亲自照料、喂养、关爱、教导、指引与影响下，孩子从小到大受到与获得的教育，贯穿家校共育、社会人际、成家立业。由于互相作用，在孩子的成长过程中，父母也会受到启发与鞭策，其认知观念与性格会受到深刻的挑战与持久的磨砺，所以家庭教育的过程也是孩子成就父母的过程。

家庭教育的任务分为两个阶段，一是儿童阶段，见证孩子的体验玩耍与兴趣、意愿与取舍、情感与道义、行为与分寸、矛盾与是非、探奇与冒险……二是青少年阶段，引领孩子理性看待人生的客观需要，避免好高骛远，树立切实的目标，边干边学，从生活中体验快乐，从进步中感受兴奋，从忘却中走出情绪困扰，从挫折中稳定心态，从博弈中学会退让，从做人中习得规矩，从做事中锻炼能力，从探索中获取认知，从思考中汇集智慧，从欣赏中积淀文化，从专业中练就素养，从职业中懂得效率，从愿望的追求中历练勤奋、激越心智，在挚爱中根植责任、灌注使命。

教育孩子，需要慢下来，顺势而为。保持愉悦的心情，以悠然的心态面对繁琐具体的日常过程。急躁的灌注不适合孩子的胃口，善意的意愿也会被吐出来。以亲和的情绪与心爱的神情，通过妙趣的互动带入意愿更能被孩子领会，从而演化成孩子的自觉并转化为自主意识。慢下来的是心情，快起来的是孩子转变的实效。

教育孩子，需要权威的榜样。在日常生活中，父母的脾气情绪、习性作风、消费取舍、感情态度、成败心态、荣辱感觉等表现所隐含的意志魄力、价值理念、是非标准、道义责任、禁戒操守、情感尊严等会不知不觉、日积月累地浸润孩子的心灵。这也是家风铸就品格的过程。

教育孩子，需要遵循生命的节奏，正视不同的素质需要不同的孕育过程，包括切入的最佳年龄、激励方式与强度。就像种庄稼一样，把种子撒播在泥土中，适度耕作施肥，在阳光雨露与土壤的滋养下，作物会遵循季节周期，自然生长与成熟。孩子童年的玩耍因为酣畅淋漓、快乐尽兴，是最高效的学习方式，既锻炼了身体，实现了广泛而充分的素质拓展，还能收获健康；懂事后学习文化课程，意愿强、悟性好，收获知识；从职或从军后再去上大学，初具社会阅历，思想更成熟，发展方向选择更正确，自制力、主动性、务实性、创新性更好，收获专业知识、职业技能与生活信心。遵循的是过程的时序，换来的是家长教育的轻松与孩子成长的高效。

家庭教育的困惑，是每个父母的深刻体会，也是全社会的焦虑。家庭教育，需要父母提高认知，看清世界与生命的本质，醒悟人生的意义与教育的最终目的。"家庭教育"可以完善为具有一定思路目标、过程方法与评价体系的一类专业学科或一种特色文化。

遵从孩子本性的家庭教育，可以呵护天性、端正人品、陶冶情操、激活灵性、点燃志趣、张扬个性、鼓舞气魄、蓄积生命力，让孩子们未来可以热爱生活。

本书主体以通俗押韵的语句、简短明了的篇幅，展现家庭教育思路及孩子成长各阶段需要引领的目标与方法，可以作为家庭教育的一种备忘纲要或提示手册，供人生观与教育理念相近的家长、孩子或老师参考。

目　录

第一章

认
知
观
念

第1节　观世界

宇宙文明

星辰大海、问心无边，天体尘埃、场效关联。
生命起源、疑存偶然，环境适可、自组成活。
宇宙时空、偶有人种，遥居光年、难以同在。
星际访船、凡胎难载，飞碟麦圈、射光为猜。

地球文明

智慧人族、强弩霸主，开天辟地、福祸相依。
财富社会、地球消费，百世兴衰、山河变迁。
天长地久、瞬息繁茂，旷世坚柔、风霜消融。
生物万千、轮回出现，亘古延绵、断续世间。

第 2 节　观人生

凡俗人生

生在无意、死在随意，活在趣意、寿不经意。
人生短暂、过好当前，感恩知足、快乐梯度。
欲需归根、愉悦心情，安康安心、安居安宁。
妙趣奇幻、兴奋快感，轻松自由、幸福感受。

自然修历

习以为常、常以为妙，历久蜜心、触景生情。
逆境险滩、坦途羁绊，愁眉苦颜、悠然面善。
智力体形、潜植基因，遗传迷津、教化无形。
忧患致醒、优越自信，谦恭敬人、热情暖心。

—⇀ 文化修炼

平台熔炉、修炼雅俗，高人之说、去粗成佛。
四海通达、广识人家，曲球书画、豪情萌发。
饱读诗经、出口成韵，文学览胜、姿颜吐春。
脍炙墨香、独秀气场，底色形象、文化计量。

—⇀ 生活追求

凡俗是家，衣食为大，手艺勤杂、劳务值价。
烟食五谷、铜臭亲俗，人情自如、遍地财路。
见多识广、经历为王，才思灵光、实干辉煌。
友人一程、家人一生，活着开心、感知为真。

第3节 观教育

家庭教育

育人理念

教育根本、成就人性，唤醒觉悟、创造幸福。
育养导教、各司其妙，慈爱亲尊、滋养感性。
哺育宠信、播种善心，家风浸润、铸就品行。
玩童尽兴、机智垂成，奇趣点灯、知识化冥。

素质目标

以才取人、偏废良民，和煦共生、家国均衡。
平生模样、各有所长，八方培养、择机发光。
人格神韵、生机体能，心智活性、技能谋生。
文化怡情、素养习成，实力后劲、需求引擎。

途径方法

水土阳光、天地学堂，社会万象、游历四方。
千里迢迢、万卷书稿，憧憬向往、拜师领航。
砺志通俗、挫折困苦，劳力筋骨、饥寒体肤。
耕耘需要、勤奋滔滔，慢化育教、不焦不躁。

动力源泉

律动靶点、妙不可言，奥秘成团、撩拨惊叹。
因缘浮现、追根求源，恍然之巅、意犹未展。
逐鹿中原、竞技若战，激昂燃点、依依执恋。
国家概念、根植童年，心生志愿、力薄云天。

学校教育

—→ 素质启蒙

童学时段、情趣拓展，视野胸怀、走马天界。
小小目标、直观取道，完成意想、信心能量。
课题选项、劳作日常，潜质光芒、人人绽放。
豆蔻时光、情绪跌宕，共育家校、悉心关照。

—→ 学识方法

学习有道、适龄醒脑，灵通开窍、一夜春晓。
科目大纲、年岁适当，表师为导、因人施教。
学科教程、醍醐灌顶，课业习训、不扰家寝。
自主求真、吸墨为金，好奇搜寻、博古通今。

—→ 成才渠道

背记为考、实用在找，半工半读、自费刻苦。
沉思妙想、见识胆量，动手创作、看到成果。
大学深造、先职后考，问耕社会、专业对味。
高等院校、求是风貌，前景希望、特征方向。

第二章

目
标
方
法

第1节　父母篇

家庭氛围

孝敬老人、作则以身，氛围引领、细雨无声。
先辈供奉、恩德传颂，良善家风、正义启蒙。
亲子陪伴、深情积攒，饮食饱暖、病痛照看。
知行合规、温柔如水，和和美美、相依为贵。

能力素质

感官功能、觉察灵敏，探秘求证、学识更新。
心灵手巧、匠艺打造，鉴赏美妙、涤荡情操。
音色图景、韵律准星，快慰心神、美感积成。
身高之盼、胃口睡眠，自信活泛、宽济零钱。

是非品质

综合素质、百态千姿，因趣利导、触及有效。
是非道义、标准蓄积，丑恶真善、榜样明鉴。
久经朴素、懂得甘苦，寻思满足、勤劳致富。
家庭文明、品格定性，放养充分、天性完整。

言行浸润

亲人之爱、性别边界，长辈之情、若即若隐。
旁侧之评、潜心入灵，偶像之道、崇拜仿效。
口有遮拦、闲言不染，俗物俗语、不雅之举。
君子谦谦、习性熏染，琐事点点、细微纠偏。

自主成事

宠爱包办、生活涣散，坎坷波澜、瑕瑜光环。
指令召唤、拨指动弹，自我规划、有序当家。
强大干练、依赖成懒，老弱失能、担当出任。
求全责备、急躁吵嘴，顺势而为、理事而会。

沟通尊重

做事拖拉、自有耍法，重复催逼、心慌成疲。
小孩声音、下蹲聆听，诉求呼应、同频年龄。
生动实例、晓以道理，不急不惊、话慢语轻。
肯定欣赏、及时表扬，识错纠错、甜言辅佐。

情感尊严

责罚为辅、打骂有度，幼小心态、无助无解。
奚落嘲讽、无地自容，歧视侮辱、反目成仇。
禁之躲藏、放之坦荡，开放明朗、诚实阳光。
脾气德性、刻骨铭心，情满童真、惠泽他人。

预防伤害

水火机电、伤残容颜，空气污染、病疫疾患。
毒蛇猛兽、狂犬破口，车来车往、事故无常。
呵护女童、内紧外松，形影守候、多心无忧。
社会阴霾、陷阱告诫，年幼知坏、太多有害。

疏解情绪

青春蜕变、情绪难免，抑郁心境、无以兴奋。
权威世俗、债情背负，意愿倾诉、消除郁堵。
家有温馨、心事知音，宠物依人、怜爱舒心。
结队成群、热闹欢腾，身体力行、兴致可耕。

释怀心态

手机网络、尽知糗恶，云淡风轻、免疫适应。
聚光成焦、平素逍遥，无需讨好、逃之夭夭。
焦虑不堪、休学撒欢，弃笔从戎、更换天空。
瑕疵点缀、不求完美，生死为最、看穿秋水。

理解逆反

少时逆反、默契相关，称心遂愿、刮目相看。
斥责阻挡、成人妄想，不如同党、一起疯狂。
不虑不焦、放手一跑，期待不高、平安即好。
志趣探索、实地一搏，大学何急、后会有期。

—▷ 关照早恋

少小异性、悦目相近，天然怡情、无关婚姻。
早恋发生、不怒不惊，自然接近、消化迷心。
成年如对、燃情无悔，矜持慢进、岁月归真。
发育女性、生理卫生，知性避孕、艾滋清醒。

第2节　孩童篇

幻遐想

传说迷踪、天马行空，海盗宝藏、痴心狂想。
嫦娥玉兔、月宫起舞，青蛙公主、魔法女巫。
西游聊斋、擒妖捉怪，三国水浒、忠义谋术。
麦田怪圈、一夜之间，飞碟闪现、天外之嫌。

观天象

银河璀璨、寂静家园，凝空浩瀚、无我无边。
流星飞过、陨石坠落，极光幽幽、海市蜃楼。
日月辉映、昼夜时辰，大地运行、年月分明。
火山地震、雷霆万钧，太阳图腾、光热无尽。

识地理

盆地高原、峡谷深潭，山脉峰峦、江河湖堰。
海洋大陆、生命寄宿，进化动物、人类领舞。
墓葬悬棺、干尸千年，化石考古、恐龙先祖。
地热温泉、森林火险，地质勘探、石油煤炭。

见气候

清晨霞光、露珠草上，夕阳晚照、红云缥缈。
戈壁荒原、风起苍岚，月映海面、潮落沙滩。
热带气旋、波涛龙卷，远古冰川、高山雪线。
雷雨闪电、洪水悄然，洞穴熔岩、瀑布水帘。

耕时节

惊蛰春分、嫩芽时令，谷雨清明、芒种剪影。
堆肥田坡、浇灌苗禾，藤蔓瓜果、风车草垛。
春耕泥软、柳丝飞燕，仲夏夜晚、摇扇听蝉。
粟穗包浆、秋收金黄，寒露霜降、播散冬粮。

—⊃ 爱动物

蚂蚁搬家、触角传话，母鸡孵化、刨土唤娃。
鱼虾蚌蟹、翠鸟湖泽，鳅鳝龟蛇、鹰击田野。
蚕蛹循环、成蝶化茧，候鸟繁衍、迁徙之恋。
猫狗牛羊、蜂箱蜜糖，虎豹豺狼、野兽提防。

—⊃ 赏植物

桃李怒放、尽染山岗，雨后春笋、数日成林。
雪莲青稞、藏红花朵，椰子菠萝、红豆南国。
奇草会动、猪笼吃虫，葵花向阳、追光转向。
橡树香樟、有机工厂，植物千方、治病药汤。

—⊃ 练手工

纸艺折合、飞鹤船模，竹木制作、风筝陀螺。
缝纫裁剪、织编扎染，绳索交联、棉麻丝线。
橡皮弹簧、拉弓上堂，炉窑火工、打铁铸铜。
泥塑陶品、拉坯造型，刻版印刷、颜料拓画。

拼勇气

翻山越岭、野外求生，夜幕之行、月色风声。
上树攀岩、飞身如燕，策马射箭、绝尘挥鞭。
滑雪溜冰、速度激情，独轮高跷、合理摔跤。
骑车驱驾、整备护甲，实弹打靶、枪械眼法。

乐童趣

旷野山坡、垒石煮锅，鞭炮颗颗、点燃心魄。
抓鱼捞虾、泥鳅手滑，种菜养鸭、竹筏荷下。
菁菁校园、同学结伴，亲戚客串、假日聚餐。
围炉取暖、枯木吐焰，腊月过年、陶醉期盼。

淘兴致

秋千滑板、平衡体感，乒乓往返、形体快闪。
魔术变换、神奇怪诞，角色动漫、模拟扮演。
棋牌灯谜、闷心猜计，肢体游戏、酣畅淋漓。
南来北往、异域他乡，万水千山、辽阔情怀。

—— 聚同伴

聚散离别、伙伴情结，往来规则、积习成约。
自发驱动、淡定从容，点滴之功、甘霖相逢。
活动出行、未知方寸，博弈争论、勇谋笃定。
青涩脸庞、丑鸭摇晃，几经流浪、天鹅翅膀。

—— 护心神

苦思冥想、入睡受伤，强迫动脑、神经失调。
瞩眼密集、毁坏视力，励志高求、心力脱钩。
欲禁相争、患难祸根，逆来顺受、积压病垢。
挫败颜面、羞耻难堪，久积过错、藏心成魔。

—— 保安全

水火刀钎、弹射眼脸，失手瞬间、终身为患。
煤气烧炉、防爆防毒，阳台窗户、高空坠物。
煎油熬汤、高温烫伤，行驶车辆、远离避让。
密闭空间、窒息之险，急流深潭、失足无还。

—— 恋凡俗

瞌睡酣香、时长保障，早睡早起、呼吸晨气。
粗茶淡饭、七分饱满，细嚼慢咽、品味尝鲜。
舒展心怀、颜体长开，席位居所、心安细作。
平淡无奇、起伏是趣，进步坡度、心满意足。

—— 织乡愁

青砖瓦房、红墙小巷，田园村庄、豆萁叶黄。
节日来宾、喜气迎门，厨风菜品、味道熏心。
院落村镇、尽熟相邻，外号乳名、方言口音。
足迹深深、过往似锦，旧事缤纷、乡愁如恩。

—— 讲卫生

衣冠面貌、镜子对照，发型着装、风格随常。
洗脸擦脖、眼角耳朵，护肤刷牙、毛发剔刮。
洁齿修甲、护理脚丫，澡浴衣衫、勤换床单。
餐便前后、漱洗去垢，打嗝咳嗽、掩纸扭头。

知道义

正气正道、不谋阴招，缺点之臊、背后勿滔。
师兄长老、招呼微笑，朋友交好、随便轻巧。
路遇熟人、点头回应，回家进门、热情唤声。
父母孝道、钱粮暖饱，常有闲聊、亲切依靠。

懂恩利

名利奖赏、欣然分享，拒受纳接、懂礼识节。
营私企图、自绝同路，妄为缺德、公众不悦。
知错认错、坦诚洒脱，领情认可、虚怀自若。
急难困境、互相帮衬，勤俭节省、自力更生。

化矛盾

研讨辩论、和颜轻声，有理饶人、输赢不争。
感情易损、利害之衡，矛盾纠纷、化解为亲。
言语冲突、切勿动粗，野蛮恶魔、寻机逃脱。
守法惜命、协防毒品，家暴同情、拯救报警。

第3节　学识篇

学外语

先学字符、外文歧途，影视图书、原版观目。
文化植入、融化生疏，捡拾辞赋、顺口回复。
旅居本土、交流入俗，传神意图、连猜带估。
实景话务、默化词素，广积语录、脱口而出。

说口才

万事开端、谈吐在前，课堂内外、大胆发言。
韵词口上、百练成章，豪迈歌谣、纵情高唱。
口气语调、发声技巧，开音亮嗓、神采飞扬。
中心要义、深思归一，议会人际、开口即席。

懂演艺

戏曲歌舞、练耳识谱，节奏音调、旋律浸泡。
美声高亢、共鸣气腔，管弦乐坊、吹拉弹唱。
排演剧场、道具服装，灯光音响、接线安装。
表演化妆、舞台秀场，主持播报、人气暖场。

集文采

读书万卷、气质美颜，饱经视线、神情稳健。
提案编撰、归纳呈现，图文排版、格式规范。
水墨丹青、浓淡意境，手写笔法、字迹优雅。
西洋油画、蒙娜丽莎，国学看本、四书五经。

解课程

数理逻辑、学术基底，生物密码、分子转化。
文史奇妙、古往英豪，天象地貌、物理之道。
农耕菜园、劳动实践，车间生产、机器零件。
法纪律政、案例讨论，民族复兴、大国工程。

梦科学

大洋深潜、海底沟堑，太空建站、人员往返。
深空射线、天眼可见，火箭飞船、星际探险。
基因重组、动物克隆，粒子加速、高能技术。
原子裂变、核电核弹，量子纠缠、遥远互感。

第4节　女孩篇

性情

达观温婉、淑女之范，受人喜欢、百事为先。
矜持内敛、本性为善，笑语言谈、春风拂面。
恭谦顾让、以柔济刚，幽默乖伶、悦己悦邻。
相夫之道、示弱存娇，老幼之间、嘘寒问暖。

文化

古今中外、风云梗概，器乐字画、习性致雅。
书香笔勤、文质彬彬，舞姿一闪、魅力翩翩。
圣贤之音、路标指引，宏图之征、乐道津津。
行为做派、格局风采，文化洗牌、换骨脱胎。

　　⟶　生活

打扮时宜、穿戴得体，素颜年少、轻黛窈窕。
换季知冷、衣装换新，色泽式样、舒适时尚。
家室归整、清爽卫生，营养烹饪、运动塑身。
一技之长、收入保障，生财有方、尊严至上。

　　⟶　处事

自私自利、闺蜜离弃，投机取巧、亲朋断交。
反省知过、将功补错，细听诉说、情投意合。
场面对付、阴阳有数，度人识相、半信半防。
厌烦推诿、知难而退，利弊相较、敢求敢抛。

第5节　婚恋篇

相识相恋

人流汇道、擦肩失交，体格相貌、眼缘碰巧。
待人印象、折射善良，柴米厨房、持家意向。
关注嫉妒、痛心在乎，干预知度、自在如初。
意气之柔、个性难修，恋日年久、婚稳育幼。

天伦之乐

孩子双双、嬉戏健康，儿女一样、子孙满堂。
姓名字号、简明顺调，族谱手稿、辈分列表。
老少疾苦、亲自照顾，节气民俗、庄重祭祖。
外有坚强、回家温良，语气和缓、出门笑脸。

> 居家生活

管网水电、工具修缮，腌腊香甜、酸辣泡坛。
起居细软、服饰装扮，新旧替换、精彩不断。
料理时效、切忌唠叨，尽心尽劳、不论多少。
家长里短、定期会谈，心底幽怨、开诚相见。

> 相依相伴

球类上瘾、持续健身，闲暇逸情、烟酒不近。
唱歌跳舞、音乐曲谱，琴棋书法、美景诗画。
职场打拼、成效求薪，不畏艰辛、实业求成。
关切解读、看到付出，童心永驻、银丝相濡。

> 价值传承

节点拍照、储存美好，日久生厌、旧情呼唤。
作品器件、精选纪念，世代稀有、珍藏传后。
万贯金山、逝人无缘，大业为公、小财私用。
财富接班、业态转换，精神传承、家风家训。

第6节 人际篇

慎语气

风趣欢颜、阖家温暖，怨气满天、爹娘躲闪。
分手不欢、过河桥断，怒目瞬间、烟消云散。
气急语陡、画脚指手，咄咄势头、话锋刃口。
抬杠酸溜、尖刻失柔，快意恩仇、后悔疾首。

识朋友

正直有信、赞赏响应，善待弱小、君子可交。
趣味相投、宽厚为友，认知与共、追逐为盟。
借钱发酵、结局难料，取财有道、情义为高。
热心过多、打扰为祸，久不聚合、铁杆散伙。

知感情

清楚明了、斤斤计较，融洽之道、模糊是好。
颜面之怨、居心不散，浓情时艰、把酒问天。
谦让致敬、惠顾结亲，社交底蕴、势力名声。
感恩叙情、回报有声，温故知新、处处逢春。

懂处世

局面境遇、懂理识趣，审时度势、进退合适。
机灵豁达、见眼施法，随机应变、举一反三。
理有百断、巧尊颜面，话有千说、干戈玉帛。
沟通谈心、倾听为赢，成人之美、意犹未尽。

逐贤达

凡人双面、明暗相间，放下抱怨、走出泥潭。
穷途思变、勤学苦练，典籍诗篇、智慧探源。
大千不见、井底看天，圣贤一言、醒悟十年。
绅士为邻、附雅洗尘，伯乐贵人、三生有幸。

第 7 节　思路篇

视角

烦恼纠结、远近取舍，局位转换、通透豁然。
屋子黑暗、先找开关，头绪纷繁、主次不乱。
动机之求、栽花插柳，历经拥有、不为俗囚。
看重喜欢、价值观念，光阴不还、钱财何干。

破局

被动任务、负担应付，内心愿望、活力奔放。
厚积师说、痛快解惑，用以致学、不知不觉。
认识深远、直觉关键，问题死穴、百思其解。
千锤百炼、左右逢源，潜质洞察、才子天下。

第 8 节　职业篇

素质品性

人才评定、能力品性，求是诚信、公正廉明。
主动积极、不计小利，懂事明理、自律集体。
敢想敢拼、魄力推进，专注勤恳、落地生根。
技艺修养、业绩有望，思路情商、职业沙场。

做事能力

受命事项、背景查访，进度提纲、总结呈堂。
周密行动、下沉出功，缓急轻重、次序调控。
问题发现、巧妙完善，危险困难、当机立断。
匠术高明、理论精深，雷厉风行、工作规整。

—— 业务能力

强势推销、路人吓跑，饥饿诊疗、循序引导。
客户之声、乖巧听音，谦卑诚恳、随叫出行。
口碑传信、特色攻心，立竿见影、长效固本。
实战通关、身手合范，议价签单、悠然聊天。

—— 管理能力

职责厘清、绩效合身，体系要领、秩序场景。
作业规定、操作培训，检测放行、指标烙印。
原料器皿、分类标明，设备修整、除旧维新。
了事归顺、月结日清，统计连心、档案蓝本。

—— 带队能力

群体招感、愿景清单，执业垂范、激励暖言。
计划派单、时限要点，监督进展、反馈评判。
审视全面、补齐短板，功过兑现、威信积淀。
远瞩高瞻、脱俗领衔，成绩奉献、要职升迁。

第9节　创业篇

格局气魄

当家做主、身先士卒，开疆拓土、愿赌服输。
胆小怕累、展翅不飞，循规蹈矩、开创无局。
欲望念想、利他共享，涉猎宽广、务实敢闯。
功名利禄、无须贪图，醒戒法度、全家安舒。

商机意识

积瘴痛点、商机无限，工业纵览、隐形锁链。
项目圈层、发明资讯，创业历程、机会衍生。
毛利核算、潜力判断，立项调研、决策果敢。
集群攻关、瓶颈顶板，延伸高端、市场非凡。

—→ 人才策略

有散有聚、契约为序，共同参与、适薪适履。
团队精英、选育外聘，亲友参政、预防斗争。
任人唯贤、扬长避短，信任放权、情责共担。
名师历练、巨细典范，能人指点、成功有缘。

—→ 产业素养

品牌维护、创新高度，质地感触、精工美图。
客户开拓、责权利落，渠道规模、万涓成河。
机制流程、效率指针，装备水平、能级见证。
研发营运、金融资本，质效成本、竞争核心。

—→ 风险控制

一专多能、轮岗施政，权限制衡、组织平稳。
竞业艰险、谨防暗箭，数据账单、机要监管。
危机应对、机制敏锐，重视传媒、缓解追随。
安全隐患、紧急预案，突发事件、快速控盘。

附录 1

素质体系

素质分解

　　素质，是人的基本品质，是要素与对应品质的组合，综合理解为各种基础要素与对应品质状态的集合。

　　素质教育就是要实现人的全面发展，获得良好的综合素质。为了让素质教育看得见摸得着，让更多人理解综合素质概念，接受素质教育理念，有必要把综合素质分解为具体的要素组成与品质级别，形成一个系统的素质指标体系。针对要素组成，作者提出一个具有 8 个类属约 50 个基础要素的指标体系，简称"8-50"要素体系[①]。该体系对素质教育目标理解、效果评估或人才选拔时选取参照点，具有实用的价值。

　　为了形象、直观阐释，本书将"8-50"要素体系简化成方框层级图，见附页"素质评价之'8-50'要素指标体系模型"图。第 1 层级有 8 个类属指标，用六边形表示，第 2 层级有 52 个要素指标，用长方形表示。为了避免指标可能产生的歧义，图中要素指标后面列出了内涵要点，以椭圆表示。

　　要素体系的指标模型附图：

附录 2

正文注释

观世界注释

宇宙文明

星辰大海、问心无边，天体尘埃、场效关联。
生命起源、疑存偶然，环境适可、自组成活。
宇宙时空、偶有人种，遥居光年、难以同在。
星际访船、凡胎难载，飞碟麦圈、射光为猜。

"星辰大海、问心无边，天体尘埃、场效关联"：茫茫宇宙，广袤宽大，不知边界。遥远的天体与微小的尘埃，都有电磁场、重力场、射线离子等各种质场在其间穿梭互动、发生作用而关联一体。

"生命起源、疑存偶然，环境适可、自组成活"：生命的起源，通常认为是由无机到有机，由单细胞到多细胞，经过漫长的纪元时代逐步演变而来。但会不会存在另外一种情况，在偶然的环境适配下，一些单细胞或与其他活体组织变异结合，突然自主形成一种新的活体生物呢？

"宇宙时空、偶有人种，遥居光年、难以同在"：在浩瀚宇宙、茫茫天体以及无限的时间延续中，难免会有类似地球的星体，繁衍着或繁衍过生命甚至进化到"人"，但由于相距光年空间太远，且在时间的延续中同样存在死活轮回，其生命周期相对宇宙时间同样可能是极其短暂的，出现"人"更会是一闪烁。在无限广袤的宇宙空间与时间中，纵使有不同点位出现人光闪烁，也会是一前一后，很难同时存在而交相辉映。

"星际访船、凡胎难载，飞碟麦圈、射光为猜"：宇宙空间太浩瀚，星际之间相距太遥远，只需要能量的实物飞船可以来往，但需要食物维系生命的凡胎肉体是难以到达地球的。地球人看到的飞碟、麦田怪圈等现象，也可能是外星人正在或曾经发射来的带图形信息的高能射线束在大气中的动态交辉影像或地面植物"绒毯"的触痕。

—— 地球文明

智慧人族、强弩霸主，开天辟地、福祸相依。
财富社会、地球消费，百世兴衰、山河变迁。
天长地久、瞬息繁茂，旷世坚柔、风霜消融。
生物万千、轮回出现，亘古延绵、断续世间。

"智慧人族、强弩霸主，开天辟地、福祸相依"：生物进化
到人就具有了智慧，相对于其他生物，人类成了地球的强权霸主，
主宰着世界的一切。人类的大肆开发、人畜的任性繁衍，建设了
文明也破坏了环境。自然被显著肢解或明显扭曲后，天地平衡有
内力调整的趋势，自然修复可能会自动发生，比如地震、气候变
化与瘟疫等，建设时的福与修复时的祸是关联对应的。

"财富社会、地球消费，百世兴衰、山河变迁"：人类为了
生活与生存，努力发展生产力、制造商品，建设都市、创造文明。
逢山开路、遇水搭桥，采油挖矿、取力造物，建造出星罗棋布的
斑斓城市、繁忙的空地交通、密集的人造卫星与全球的互联网络。
财富的创造与消费从物理角度来看，是将地球的某些区域的山河
土地变换形貌并搬迁转移到其他区域或分散到各地，这犹如在消
费地球。千百年人类文明的兴衰，从历史观览，伴随着山川地貌
的巨大变迁。

"天长地久、瞬息繁茂，旷世坚柔、风霜消融"：天地永存，地上的动植物，从繁衍到绝迹，在宇宙的年岁中都是一瞬间的景象，无论百岁老人、千年龟蛇或万年古树，相比天地，都是瞬间即逝。世间出现的任何物质，无论坚硬强韧还是柔软，都会随时间在水土中细碎溶化、分解转化或大气中风化消散。

"生物万千、轮回出现，亘古延绵、断续世间"：从天地存续的时间长河来看，地球上时有数十亿年的万籁俱寂绝无生机的荒凉空巢时期，时有数十亿年的生物繁衍生机盎然的生命时期，死活景象或以数亿年为周期交替轮回。死活时期历时有长有短，生物进化也有快有慢，不一定每次生命时期都能进化到人类，亘古延绵以来经历的这种死活时期轮回也许不计其数，有人存在的烟火人世间就会是断续出现，在宇宙的时间概念中好比一次人光的闪烁，由于轮回历经久远而痕迹消散，后一轮世人全然不知前一轮世人的踪影，更不知远古的智慧与文明。

观人生注释

凡俗人生

生在无意、死在随意，活在趣意、寿不经意。

人生短暂、过好当前，感恩知足、快乐梯度。

欲需归根、愉悦心情，安康安心、安居安宁。

妙趣奇幻、兴奋快感，轻松自由、幸福感受。

"生在无意、死在随意，活在趣意、寿不经意"：人是无意之中降生的，也是在随意之中死去的，生命会不知不觉地消逝在某个随机的时刻，连自己都不知道已经死了。数年数十年前的事情仿佛过去了并不久，不经意之间自己就活到了现在，命无论长短，感觉人生都是在不经意之间度过的。

"人生短暂、过好当前，感恩知足、快乐梯度"：每个人的生命都是短暂的，要看重、欣赏与体验当下现实的愉快。感恩与知足的人会得到更多的快乐机会与更好的快乐感受。快乐感受也会疲劳，更多的快乐感受需要成绩或水平的跨越式升级或跳跃式进步来刺激。

"欲需归根、愉悦心情，安康安心、安居安宁"：除生存的物理需要外，人生追求的根本落点是心情的轻松与愉悦。安全健康让人安心，属于自己的座席、位置、居室、处所让人安宁。

"妙趣奇幻、兴奋快感，轻松自由、幸福感受"：对神奇美妙的幻想或探求、预感或期待诱发心理愉悦，带来兴奋，受外界美妙行为的触动与刺激诱发生理愉悦，带来快感。兴奋可能是快感的前奏，对兴奋、快感的欣赏就是快乐。负担或约束少，没有压力或焦虑，身体或心理的轻松、自由让精神获得松弛、惬意与舒适，带来安逸，对安逸的享受就是幸福。快乐与幸福是人生的追求。

—◯ 自然修历

> 习以为常、常以为妙，历久蜜心、触景生情。
> 逆境险滩、坦途羁绊，愁眉苦颜、悠然面善。
> 智力体形、潜植基因，遗传迷津、教化无形。
> 忧患致醒、优越自信，谦恭敬人、热情暖心。

"习以为常、常以为妙，历久蜜心、触景生情"：次数多了就会养成习惯，习惯久了就会喜欢上瘾。比如一个人小时候经常嗅到的气味，他在长大后再次嗅到这种气味时就会感觉兴奋美妙，即使那种气味并不招其他人喜欢。又比如好动的人习惯了动就很难静下来，而好静的人习惯了静又很难动起来。久经岁月的醅酿，过去的经历就会演变为美好的回忆，当现实中碰到相似的人物景象时，人会顿感亲切美妙。所以，深刻而丰富多彩的童年过往，会是人到中年后的精神财富。

"逆境险滩、坦途羁绊，愁眉苦颜、悠然面善"：磨难与挫折是成长过程中该有的体验，是人生旅途中必要的警示与经验。意愿受到压抑或干扰，忧心忡忡、心事重重的孩子愁眉苦脸，更容易谨小慎微、身体与心理发育受到不良影响；心情舒畅、精神轻松的孩子生机盎然，更容易性格开朗、体格舒展、心地与面相善良，容颜也更自然、美观。

"智力体形、潜植基因，遗传迷津、教化无形"：父母辈的心智与身体素质容易随岁月陆续动态地潜入基因，遗传到下一代。遗传内容有异性偏重的趋势，比如儿子更像母亲，女孩更像父亲。由于神奇的基因植入与储备，孩子出生后通过喂养生长与教育启迪，一些来自基因的潜质被迅速唤醒，身体与意识高效增长，一些行为甚至是无师自通的。遗传成为悄无声息的、毫不费力的教化渠道，就像一所天然的、无形的、高效的学校。

"忧患致醒、优越自信，谦恭敬人、热情暖心"：经历忧患会让人产生危机意识，使人更早觉醒，懂事、懂生活。经济宽裕、成绩优秀、经验丰富或本事突出，会让人感到坦然、淡定、沉稳与无惧无畏，这就是自信。通常，自信的人更加柔和而不是更加强势。恭敬谦和让人感受尊重，态度热情让人暖心愉悦。

文化修炼

平台熔炉、修炼雅俗，高人之说、去粗成佛。
四海通达、广识人家，曲球书画、豪情萌发。
饱读诗经、出口成韵，文学览胜、姿颜吐春。
脍炙墨香、独秀气场，底色形象、文化计量。

"平台熔炉、修炼雅俗，高人之说、去粗成佛"：家庭、学校、工作单位或朋友圈层，就像熔炉一样，可以使人变得文雅，智者的传授与引领可以让人升华认知、超凡脱俗。

"四海通达、广识人家，曲球书画、豪情萌发"：走过大江南北，越过五湖四海，获知广泛的风土人情与民族习俗，结识更多优秀人士，人的眼界与胸怀更加宽广，对别人更加包容，自己感觉更加淡定随意。歌曲音乐、球类娱乐、诗歌散文、小说故事、美术字画，让人心情愉悦、境界升华，容易让人更加豪迈，更有激情。

"饱读诗经、出口成韵，文学览胜、姿颜吐春"：大量诵读诗词歌赋的人，由于发声肌体的形体记忆，说话词汇丰富韵律优美。大量阅读故事小说的人，由于文学艺术潜移默化的浸染，自然会受到作品中文化因素的洗礼，其姿态会变得优雅，容颜变得更加动人。

"脸炙墨香、独秀气场，底色形象、文化计量"：词汇丰富、言辞精简，语气幽默、表情生动，与人群互动欢畅、呼应热烈，人的社交气场就好。语言文字、手工手艺、知识见识、公德习性、文艺素质、科学认知、行动风范等文化特征素养，体现着人的精神风貌与社会形象。文化素质是生活品质的底色。

生活追求

凡俗是家，衣食为大，手艺勤杂、劳务值价。
烟食五谷、铜臭亲俗，人情自如、遍地财路。
见多识广、经历为王，才思灵光、实干辉煌。
友人一程、家人一生，活着开心、感知为真。

"凡俗是家，衣食为大，手艺勤杂、劳务值价"：家是维持亲人共同生存的居所，生活首先需要衣食饱暖。劳动是谋生的直观途径，有劳力有手艺有干劲就可以赚钱养家。

"烟食五谷、铜臭亲俗，人情自如、遍地财路"：一个学识渊博但不食人间烟火、疏于生活体验与人情礼数的人，可能缺少财商意识而难于聚集物质财富。而那些热爱世俗生活的人，往往机灵聪明，善于人情世故与社会交往，说话处事知进退妥协、懂收放分寸，更容易获得财富。

　　"见多识广、经历为王，才思灵光、实干辉煌"：通过媒体与社交可以获得广泛的见识，但亲自经历与体验更为重要，人有了知识与能力还需要机灵，再加上务实勤奋，说干就干，久久为功，才能取得成功。

　　"友人一程、家人一生，活着开心、感知为真"：朋友是互相需要又互相依赖的搭档，朋友也是人生的重要陪伴，深刻影响着生活的快乐，但在岁月的进程中，由于利益与志趣的变化，朋友群会慢慢流变或替换，不同时期会有不同情趣的朋友，终身的朋友不多。家人，特别是父母，是无偿关爱我们的人，虽然成年后彼此在一起的时光可能不多，但血脉与情感、利益与财富相连，他们会不离不弃，终身为伴。人的生命体，从外界转化而来又慢慢转化而去，成为人就是最大的幸运，活着就要追求开心。生活中，凡俗的感觉与心理的体验是生命的真实，人生获得美妙与愉悦的次数与强度，是生活幸福的指数。

观教育注释

家 庭 教 育

—— 育人理念

教育根本、成就人性，唤醒觉悟、创造幸福。
育养导教、各司其妙，慈爱亲尊、滋养感性。
哺育宠信、播种善心，家风浸润、铸就品行。
玩童尽兴、机智垂成，奇趣点灯、知识化冥。

"教育根本、成就人性，唤醒觉悟、创造幸福"：教育的根本目的，一是要让人自然成长为情感丰富、身体健康、人格健全、天性完整的凡俗世人；二是要激发人的觉识，让人感知凡俗之身该有的生命快意，感受人生该有的乐趣；三是要激励认知丰富见识，历练思想修炼心境，培养创造能力，为自己、为他人、为社会创造物质与精神文明，切实享受生活的美好与幸福。

"育养教导、各司其妙，慈爱亲尊、滋养感性"：教育包括了育、养、导、教，各有目的、过程、方法与作用，不能有混淆与缺位。教育过程中对孩子的感情表达包括慈、爱、亲、尊，相

近而不相同，不能混淆与替换，会给孩子带去不同的感受。持续的情感体验与交流体会，凝结成同理、共情与会意的感性素质，练就孩子的感情分辨或迎合应对本领，变得懂理识局、通情达理、有情有义。

"哺育宠信、播种善心，家风浸润、铸就品行"：哺育时期给予幼儿充分的宠爱与信任，会给孩子潜意识植入友善与安全感，长大后其内心将怀有更多美好以及对他人的信任、爱心或同情心，也更愿意回馈社会或帮助弱者。家庭的喜好憎恶、恩冤情仇、荣辱廉耻、是非取舍、责任担当，会通过生活慢慢植入孩子的意识，铸就出孩子自己的价值标准、情感态度、消费取向与作风做派等。

"玩童尽兴、机智垂成，奇趣点灯、知识化冥"：童年时期孩子与小伙伴一起尽情玩耍，酣畅淋漓，会变得机灵、聪明、懂事。孩子天性好奇，妙趣横生的事态就像黑夜里的灯火，具有深深的吸引与召唤，借助儿童读物或视听媒体，通过故事载入知识、情节带入妙趣，可以让孩子感知道理或意图，使孩子幼稚懵懂的模糊意识慢慢地明朗清晰起来，在心里逐渐形成生动的概念与明亮通透的图景，让孩子意识觉醒、心灵开窍。逐渐丰富的知识让人褪去愚昧，感知世界、领悟文明。

———▶ 素质目标

以才取人、偏废良民，和煦共生、家国均衡。
平生模样、各有所长，八方培养、择机发光。
人格神韵、生机体能，心智活性、技能谋生。
文化怡情、素养习成，实力后劲、需求引擎。

"以才取人、偏废良民，和煦共生、家国均衡"：有特定本
领可以起到专门作用的人，这里视为人才。社会既需要这种人才，
也需要遵纪守法、善良文明的普通居民，国家需要栋梁，家庭也
需要热爱生活、善于生活的芸芸众生。以人才的标准来评价教育
的效果是不充分的，教育不仅应培养专业人才，更应培养懂为人
处世、懂文化文明、知好坏明是非、懂赚钱养家、懂养育后代的
社会公民与家庭成员。教育及评价需要考虑两者，有利于国家、
社会、家庭的和谐共荣与均衡发展。

"平生模样、各有所长，八方培养、择机发光"：每个人都
有自己的天赋与长处，教育不要局限在一个方面而要从多方面去
开发与培养孩子，让每个孩子在未来的不同时段、不同领域扬长
避短，活出出彩或幸福的人生。

"人格神韵、生机体能，心智活性、技能谋生""文化怡情、
素养习成，实力后劲、需求引擎"：人性全貌可以用"人格、生

机、心智、技能、文化、素养、实力、需求"八大要素来表征与评估，这也意味着教育的方向与目标。人格体现人的精神本质与个性特征，包括思想意志与神情气势，人格变化意味着脱胎换骨；生机体现人的身体机能与生命活力；心智体现人的智能与灵气；技能体现人的手艺与成事能力；知识属于文化范畴但不代表文化，文化是知识、文艺、匠术、科学等文明要素对人的慢慢修炼与优化，文化体现人的文明档次，文化素质是阶层区分的隐形标准；素养体现人的阅历经验与规范积习；实力指人的财富储备与权威功力，体现成事的能量；需求反映人的欲望、需要或追求，体现人的内驱力或动力源泉。

—— 途径方法

水土阳光、天地学堂，社会万象、游历四方。
千里迢迢、万卷书稿，憧憬向往、拜师领航。
砺志通俗、挫折困苦，劳力筋骨、饥寒体肤。
耕耘需要、勤奋滔滔，慢化育教、不焦不躁。

"水土阳光、天地学堂，社会万象、游历四方"：孩子成长的重要途径应是沿着日常生活的需要而学习，在大自然与社会中探秘山川地貌、动物植物、时节雨露、风土人情、奇闻妙趣，感受生产劳作，体验生活需要。

"千里迢迢、万卷书稿，憧憬向往、拜师领航"：在成人带领下，走遍大江南北，广泛接触社会与风土人情，感受经济社会痛点，增长见识。结合自己的需要或兴趣，在家长或老师的指导下，博览群书或查询资料，增加知识。有了见识与知识的积累，再虚心向那些见多识广、品行端庄的人请教，孩子的认知与视野就能达到新的深度与广度，就会看到更多的风景，感觉到更多的吸引与机会，萌生起追求的目标，憧憬未来，充满向往，树立起远大的志向。

"砺志通俗、挫折困苦，劳力筋骨、饥寒体肤"：凡俗生活中，艰难困苦与成败曲折的充分经历，筋骨体肤的深刻感受可以磨砺人的意志。

"耕耘需要、勤奋滔滔，慢化育教、不焦不躁"：怀着期待与兴奋追寻自己的志趣、耕耘自己的梦想，求知求成，人就不觉辛劳困苦，废寝忘食、勤奋刻苦、全力以赴。孩子的天性就是喜欢玩耍，追求奇幻妙趣。生活中他们没有停下来的时候，每时每刻都在感知外界，经历挫折，不知不觉中练就出优良而全面的素质。家长慢下来，让孩子有足够的自由与时间同小伙伴一起来度过这个高效成长的黄金岁月，子女的人格、生机、心智就可以获得健康发育。社会的浮躁渲染了成才假象，误导出没有价值的考试目标，造成生命力的无谓消耗，引起家长的普遍焦躁。事实上，遵循人的自然生长节奏，童年过得轻松快乐，成人后精力充沛，求知欲旺盛，事业成功概率更高。无需焦虑与烦恼，人生可以快乐成长。

—→ 动力源泉

> 律动靶点、妙不可言，奥秘成团、撩拨惊叹。
> 因缘浮现、追根求源，恍然之巅、意犹未展。
> 逐鹿中原、竞技若战，激昂燃点、依依执恋。
> 国家概念、根植童年，心生志愿、力薄云天。

"律动靶点、妙不可言，奥秘成团、撩拨惊叹"：带节奏的波动、带准星的击打，会让人产生妙趣横生的感觉，让人上瘾。孩子面前什么都是奥秘，一个接一个，他们层层探秘，获取新奇，惊叹不已。

"因缘浮现、追根求源，恍然之巅、意犹未展"：事出有因、因果对应，孩子发现线索时会生起盎然的兴致去探真相找原理，刨根问底。无论是百思不解还是恍然大悟，验证时都会让孩子兴致勃勃，意犹未尽。

"逐鹿中原、竞技若战，激昂燃点、依依执恋"：伙伴之间自然会有各种欢快的竞技活动，他们会明里暗里角逐比拼，竞相施展、显露身手。每一次激情兴奋的高潮体验与快乐过程，都会留下深刻的烙印，日后会念念不忘，希望持续或再来。

"**国家概念、根植童年，心生志愿、力薄云天**"：国家的需要对民众都有强烈的招感性，从小熟悉国家大事的孩子，民族自豪感、国家荣誉感与事业的使命感会根植心灵深处。孩子因为国家伟业或者自己的其他感动，心里暗暗升起的向往或树立的目标属于自己的梦想，会以超强的决心、旺盛的精力、持续的热情、顽强的毅力去努力去拼搏，去追求去实现。

学校教育

素质启蒙

童学时段、情趣拓展，视野胸怀、走马天界。
小小目标、直观取道，完成意想、信心能量。
课题选项、劳作日常，潜质光芒、人人绽放。
豆蔻时光、情绪跌宕，共育家校、悉心关照。

"童学时段、情趣拓展，视野胸怀、走马天界"：小学阶段
尽量把课堂放在大自然，根据孩子表现的兴趣，安排观察动植物

的生息繁衍与生长变化；感受天气的风雨雷电，季节的月夜星空；跨上行囊，走进河流山川，现场考察地质地貌、城市乡村与异域风情，实地瞭望奇峰险滩与国家大工程。满足好奇心激发探索欲，感受自然的奇妙与博大，让人视野开阔、胸怀博大。

"小小目标、直观取道，完成意想、信心能量"：针对小孩子的活动，任务要直观，目标要小，方法要简单，实现要容易，孩子每次完成都会有成就感，就会积累信心，之后就有继续学习的热情。

"课题选项、劳作日常，潜质光芒、人人绽放"：学科或研学项目，要结合不同孩子的兴趣与愿望开设，要有丰富的选项，学校要有实用的劳动与创作的活动，比如有种养园地，木工、陶艺等制作坊，劳作要成为日常；让每个孩子的喜好与潜质都被发现与激发，活动中人人都可以尽情发挥。

"豆蔻时光、情绪跌宕，共育家校、悉心关照"：青少年处于生理急速变化阶段，特别是女孩，心情容易波动而引起情绪躁动。孩子教育需要家校无缝连接，做到真正的家校共育。学校需要有家长参与教育活动的机制，家长要把学校班级的事纳入家庭计划。老师和家长都需要懂孩子心理规律，需要对每个孩子的情况都做到了如指掌，要以孩子的心态和姿态与孩子共融交流，孩子的成长也会促进家长的成长。

—————⌐ 学识方法

> 学识有道、适龄醒脑，灵通开窍、一夜春晓。
> 科目大纲、年岁适当，表师为导、因人施教。
> 学科教程、醍醐灌顶，课业习训、不扰家寝。
> 自主求真、吸墨为金，好奇搜寻、博古通今。

"学识有道、适龄醒脑，灵通开窍、一夜春晓"：中学阶段的知识学习有道可循，孩子对抽象概念的理解力在不同阶段是大不相同的，到十四、十五岁后，孩子对知识的领悟会明显变得容易些，感觉突然开窍了。年龄变大，人更成熟，理解力更强，学习的自觉性与效率都会更高。

"科目大纲、年岁适当，表师为导、因人施教"：学习科目进度，内容与难度要适合孩子的年龄，学科类课程宜后不宜前。不同孩子会采用不同的方法，会有不同的学习进度，甚至选学不同的科目。老师要精通学科，同时有优秀的人格品性，为人表率。

"学科教程、醍醐灌顶，课业习训、不扰家寝"：老师先精通教学内容，下功夫备课，设计出简单易懂的传授目标与方案，让孩子一听就懂，一看就明白，要让学生有茅塞顿开的感觉。题训是为了理解. 仅限课堂，不能留家庭作业，不能让孩子回家后还心绪不宁，影响家庭生活与睡眠。

"自主求真、吸墨为金，好奇搜寻、博古通今"：要花心思让教学内容与孩子兴趣相结合，因为孩子渴望知道真相而寻找到了知识犹如久旱逢甘雨。利用好奇心与探索求证心理，引领查找资料书籍或者积极请教，孩子可以轻松快速获得并生动扎实地掌握古往今来、天地万物的知识。

———→ 成才渠道

> 背记为考、实用在找，半工半读、自费刻苦。
> 沉思妙想、见识胆量，动手创作、看到成果。
> 大学深造、先职后考，问耕社会、专业对味。
> 高等院校、求是风貌，前景希望、特征方向。

"背记为考、实用在找，半工半读、自费刻苦"：大学阶段的学习是为了提高文化素质与事业技能。死记硬背只适合应付考试，现实中解决问题还是以寻找方法与知识来得更便捷可靠，实事做得多了，认知积累自然就多了，知识也就学会学活了。自己挣钱去交学费、去上大学，就会自觉追寻老师或师傅的传授，获取迫切需要的知识、技艺与经验，由此，如饥似渴便可成为常态。

"沉思妙想、见识胆量，动手创作、看到成果"：学习以课题研究式进行，围绕项目开展调查、找寻资料、策划方案、动手做事，老师要做好引领，在有足够的基础知识、阅历见识与技艺的基础上，鼓励学生突破局限、大胆创新，同时要让每个人及时看到项目的成效与价值。

"大学深造、先职后考，问耕社会、专业对味"：参加两年以上具有体力劳动性质的实际职业工作，体验手作、体会劳力，感受自食其力的生活，积累人际交往与社会活动经验，发现兴趣与潜质，探索专业价值。有了这些铺垫，再进入大学深造。

"高等院校、求是风貌，前景希望、特征方向"：大学风貌，要看师生探索未知、开创文明、钻研学科、追求真理的精神与实效。大学要与社会组织结合，旨在促进毕业生的后续发展。大学活动或学子事业在社会进步与人类文明发展上留下的业绩与辉煌，积淀大学的威望与影响，在历史的进程中逐步构筑起自己突出的特色、显著的方向与厚重的文化。大学教育要让学子感到事业可见、前景可靠、使命辉煌、生活美好，感到被国家需要，被家人需要。

父母篇注释

家庭氛围

孝敬老人、作则以身，氛围引领、细雨无声。
先辈供奉、恩德传颂，良善家风、正义启蒙。
亲子陪伴、深情积攒，饮食饱暖、病痛照看。
知行合规、温柔如水，和和美美、相依为贵。

"孝敬老人、作则以身，氛围引领、细雨无声"：父母对他们自己老人的日常关心与照顾行动，是现实而生动的示范，自然会成为孩子行为的模仿，充满孝顺习俗的家庭氛围像细雨一样无声地滋养着孩子的情感。家庭的品德风尚就这样潜移默化地影响孩子的意识与思想。

"先辈供奉、恩德传颂，良善家风、正义启蒙"：父母带孩子供奉去世的老人或祖辈，感恩他们对家庭的贡献，讲述他们对家人对子女的关爱；带孩子去烈士陵园祭奠先烈，缅怀与赞颂他们对社会与国家的感情与贡献。家人的奉献态度、私心表现、诚信意识、禁戒操守、行为习惯、是非判断、功过评价及热心关切等家风要素取向，铸造着孩子的人格。

"亲子陪伴、深情积攒，饮食饱暖、病痛照看"：父母喂养孩子，倾心于饮食营养、起居冷暖、疾病医疗与健康照料，耐心热切陪孩子一起玩耍，这些互动会给双方带来亲切的感受，会在彼此的心里同时堆积为感情的依托。

"知行合规、温柔如水，和和美美、相依为贵"：对教育方法有认知有反思，有实践有体会，以人性化为准则，顺应天性确保健康，善于发现并激发潜质，尊重或巧妙引领孩子的意愿，让他们自由生活，自然成长。父母的相依相爱，家庭的温馨和睦，会让孩子感受到家的庇护，对家产生完全的信赖与依靠，感到无限的轻松、温暖与安全。

—— 能力素质

感官功能、觉察灵敏，探秘求证、学识更新。
心灵手巧、匠艺打造，鉴赏美妙、涤荡情操。
音色图景、韵律准星，快慰心灵、美感积成。
身高之盼、胃口睡眠，自信活泛、宽济零钱。

"感官功能、觉察灵敏，探秘求证、学识更新"：通过引导、触发、暗示、示范或刺激，检查或唤醒孩子的各种感官功能，包括视觉、听觉、嗅觉、味觉、触觉等，激发孩子的自我意识、观察感知、区分识别能力；好奇心或日常需要，会促使孩子去探索或寻求答案，过程中孩子会学到很多常识，增加并积累生活经验。

"心灵手巧、匠艺打造，鉴赏美妙、涤荡情操"：孩子多做手工，脑手心联动，熟能生巧，练就匠艺基本功。对文学作品、音乐戏剧、相声魔术、运动竞技的欣赏或参与，可以培养文艺兴趣，提升音乐欣赏水平，增加风趣幽默感，陶冶情操、净化心灵。

"音色图景、韵律准星，快慰心灵、美感积成"：孩子对外界的音乐、色彩、图案、风景的欣赏，对韵律旋律、节奏音准的感受，可以让心情获得一次次愉快安逸或轻松宁静，这些美妙感受的记忆积累，形成由愉悦、兴奋、快感到逸感的心情体验循环与嗜好响应机制，形成美感。由此，美感由赏心悦目积习而成。

"身高之盼、胃口睡眠，自信活泛、宽济零钱"：除遗传外，孩子的胃口好睡眠好，很可能意味着孩子会长得高，运动、营养与轻松，也是长个子的重要因素。零钱是孩子的盼望，手里零钱稍微多点，孩子会更轻松，在伙伴面前也大气些，信心也强些，长大后私心可能会少些。成人中自信满满、活泛大气的人，从小应该是不缺零花钱的。

——→ 是非品质

综合素质、百态千姿，因趣利导、触及有效。
是非道义、标准蓄积，丑恶真善、榜样明鉴。
久经朴素、懂得甘苦，寻思满足、勤劳致富。
家庭文明、品格定性，放养充分、天性完整。

"综合素质、百态千姿，因趣利导、触及有效"：人的综合素质，千姿百态，只要借助孩子的兴趣去体验与感触，走夜路、实弹射击、跳伞等，即使一次也会获得深刻体会，留下难忘的终身记忆。

"是非道义、标准蓄积，丑恶真善、榜样明鉴"：孩子慢慢长大的过程也是是非标准、道义准则的积累过程，是真假、善恶、美丑概念的形成过程。在这些过程中，父母或权威人物起着榜样示范作用。

"久经朴素、懂得甘苦，寻思满足、勤劳致富"：年轻时经历过底层平民或简朴生活的人，更懂得普通人的甘甜困苦感受，成年后更容易具备善解人意、平易近人的素质。劳动包括体力劳动、脑力劳动与心力劳动，孩子为了实现或满足自己的愿望，从小就会自动去努力、去追求，自发地付出体力、脑力或心思，为自己而劳动是孩子的本能。

"家庭文明、品格定性，放养充分、天性完整"：家庭和睦的亲情及宽松氛围，成员的文化素质、品德修养、行为习性及言行表现，深刻地影响着孩子的品质及其他人格属性。孩子在成长过程中，特别是在家庭中享有充分的自由与宽松，思想、言行与愿望没有受到严重的束缚，作为一种灵性动物，成人后就会具备完整的天性。

—→ 言行浸润

亲人之爱、性别边界，长辈之情、若即若隐。
旁侧之评、潜心入灵，偶像之道、崇拜仿效。
口有遮拦、闲言不染，俗物俗语、不雅之举。
君子谦谦、习性熏染，琐事点点、细微纠偏。

"亲人之爱、性别边界，长辈之情、若即若隐"：家庭成员之间存在不同类别的爱，保持亲切舒适而不尴尬的平衡，各自都有不同程度的形体边界与心理距离，正常情况下各自会遵循天性，自然默契。长辈对子女的感情，要视孩子的心理年龄，适度表达以保持若即若离。父母内心自然有热情与呵护的愿望，但不要打扰或绑架孩子的情感自由。对孩子的怒气冲动，父母要有反思与掂量后果的意识。父母在幼小的孩子面前对第三者发飙，孩子分辨不了，都可能受到极大的伤害。感性冲突带来的刺激会像刀子一样，划破孩子的心理肌肤，即使一次也可能留下终身的疤痕。

"旁侧之评、潜心入灵，偶像之道、崇拜仿效"：无意间知道旁人对自己的良好评价，孩子会暗自惊觉，从正面反省吸收，甚至留下刻骨铭心的激励。反之亦然，不良评价会给孩子带来负面打击（所以父母要从侧面去正面评价其他孩子，也转达其他人对自己的孩子的正面评价。评价要以具体事实为依据，真诚而不夸张，少而精）。偶像的神态模样与习性风格对孩子会有不同程度的、潜移默化的影响。

"口有遮拦、闲言不染，俗物俗语、不雅之举"：说话之前掂量一下，考虑后果与轻重，言不任性话不随便，这样就不会引起纷争流言，减少口舌内耗。不雅的言辞、名称，不雅的行为举止，以及不符合儿童年龄性别的成人用品，在孩子面前要有忌讳意识，不能肆意妄为，尖锐的言辞语气也不要用在孩子身上。

　　"君子谦谦、习性熏染，琐事点点、细微纠偏"：君子的谦和与文雅，来自年少时家风与环境的熏陶与成人后文化的滋养，良好的习性来自家庭成员在平凡琐事中对行为细节的规范或微妙的纠正。

——→⊂ 自主成事

　　宠爱包办、生活涣散，坎坷波澜、瑕瑜光环。
　　指令召唤、拨指动弹，自我规划、有序当家。
　　强大干练、依赖成懒，老弱失能、担当出任。
　　求全责备、急躁吵嘴，顺势而为、理事而会。

　　"宠爱包办、生活涣散，坎坷波澜、瑕瑜光环"：因为宠爱，父母包办了孩子该做的事，久而久之，孩子就会感觉生活平顺普通，无奇无趣无味，态度行为可能会变得懒散一些。反之，放手让孩子自己去应对，经历失败沮丧与成功自豪的反复刺激，久而久之，孩子就会感觉生活波澜曲折、生动有趣，完美中有遗憾，美玉中有瑕疵，孩子的成长就会不断演绎出精彩。

　　"指令召唤、拨指动弹，自我规划、有序当家"：父母习惯于召唤、指使、吩咐孩子做事，令行禁止，久而久之，孩子就会就像算盘珠一样拨一下动一下，成为呆板的执行者而不是主持者，不会也不敢擅自做主灵活处事。反之，父母放手让孩子大胆做主，他们会慢慢学会按照自己的需要安排计划，主持实施，有序完成，久而久之，孩子就会变得勤奋，敢于也善于当家。

"强大干练、依赖成懒，老弱失能、担当出任"：父母坚强能干又不鼓励孩子自主做事，孩子可能依赖而养成懒惰的习惯。反之，父母老弱病残而失去抚养孩子的能力，甚至失去自我生存的能力，孩子很可能迫于生计，很早就开始挣钱持家并照看家人，历练出坚强的性格与责任担当意识。

"求全责备、急躁吵嘴，顺势而为、理事而会"：父母对孩子要求完美苛刻，一有差错就训斥责备，难免双方经常争吵而养成孩子急躁的脾气。反之，不求完美，顺应孩子的心情与兴趣，让他们可以在愿意的时候自主完成。自愿做事，心情轻松，体验愉快而深刻。久而久之，孩子不但学会了做事而且乐于做事。

沟通尊重

做事拖拉、自有要法，重复催逼、心慌成疲。

小孩声音、下蹲聆听，诉求呼应、同频年龄。

生动实例、晓以道理，不急不惊、话慢语轻。

肯定欣赏、及时表扬，识错纠错、甜言辅佐。

"做事拖拉、自有耍法，重复催逼、心慌成疲"：孩子做事拖拖拉拉，其实他们只是在变换着注意力，在跟着自己的兴趣玩或者发呆、休整、放空，家长看不下去反复催促，孩子内心会紧张慌乱，久而久之，就不会把外面的干预当一回事了，随后被贴上不听话的标签，进入恶性循环。

"小孩声音、下蹲聆听，诉求呼应、同频年龄"：小孩讲话时，家长蹲下来与他们同高倾听，双方可以平视，可以面对面感受彼此的眼神与表情，孩子会感觉被重视，也更容易全面准确地接受家长丰富的信息表达。对于孩子的期盼与需要，父母要积极回应，要以儿童的年龄、视野与心态，以及所处的环境与条件，来理解他们的反应、困境、焦虑或渴望。

"生动实例、晓以道理，不急不惊、话慢语轻"：让孩子明白道理，最好现身说法。借用刚刚经历的典型事例，生动讲解缘由甚至与孩子一起剖析因果利害。平静和缓，轻言细语，娓娓动听。忌讳急躁、咋呼、惊吓、斥责。

"肯定欣赏、及时表扬，识错纠错、甜言辅佐"：父母对孩子的言行与态度，慢慢影响孩子的是非观与行为习性。对于孩子的言行，父母要有态度表达，及时肯定、欣赏或赞扬正确的行为，及时与孩子一起讨论错误的行为，并分析错在哪里、如何纠正。感情真诚、和颜悦色。

—— 情感尊严

责罚为辅、打骂有度，幼小心态、无助无解。
奚落嘲讽、无地自容，歧视侮辱、反目成仇。
禁之躲藏、放之坦荡，开放明朗、诚实阳光。
脾气德性、刻骨铭心，情满童真、惠泽他人。

"责罚为辅、打骂有度，幼小心态、无助无解"：幼小孩子，分不清是非，受到责骂处罚时，不知对错，一脸茫然，感到的只是恐惧与父母的气势。孩子体力弱小，受到体罚时无力抵抗也不敢抵抗，只能忍受委屈。所以，即使是好心，父母也要换在孩子的年龄掂量一下，节制打骂。

"奚落嘲讽、无地自容，歧视侮辱、反目成仇"：如果孩子受到父母或外人的奚落、挖苦、嘲笑或讽刺，会感到对方蔑视或敌视自己，自尊心受到伤害，感到很没面子，甚至日后不敢见面。持续如此，孩子心理会积累障碍，变得自卑胆小，甚至患上心理疾病。如果受到歧视与侮辱，人格尊严会受到比敌视性更严重的侵害甚至毁损，孩子会感到被抛弃、被欺负、被羞辱，易生恶意报复之心并埋下仇恨的种子。如果这种遭遇经常发生，会滋生反社会反人性的心理与情绪，孩子若得不到及时的认可肯定或有真诚爱护的拯救，就会逐步变为社会上的坏人或恶人。

"禁之躲藏、放之坦荡，开放明朗、诚实阳光"：就像种子在水土阳光中会长成为应有的样子一样，孩子也有自然向好的天性，完成健康生长只是时间早晚的事。父母的严苛与封禁，多半会促使孩子躲藏起来偷偷干，表面一套背后一套，形成扭曲的人格。父母明确界限特别是安全守则后大胆放手，孩子会胸怀坦荡，做事会开诚布公、无拘无束。父母的开朗，会增强孩子对外界的信任，熏陶孩子坦诚、公平、正直的品性。

"脾气德性、刻骨铭心，情满童真、惠泽他人"：父母的性格脾气与品格习性，会对孩子产生决定性的影响，特别是暴躁的脾气与低俗的品性，让孩子刻骨铭心地反感与无奈。孩子情感扭曲发展会造成局部心理障碍，长大后可能终身忌惮某事。孩子幼小持续受所有人喜欢与爱戴，情感健康发展，孩子感到世间满是温暖美好，心生喜欢与向往，长大后，也会喜欢外界，愿意分享、乐于助人、感恩记情、公正待人、亲和社会。

—— 预防伤害

水火机电、伤残容颜，空气污染、病疫疾患。
毒蛇猛兽、狂犬破口，车来车往、事故无常。
呵护女童、内紧外松，形影守候、多心无忧。
社会阴霾、陷阱告诫，年幼知坏、太多有害。

"水火机电、伤残容颜，空气污染、病疫疾患"：从出生之日起，孩子都面临各种意外伤害的风险，稍有不慎就可能造成容颜毁损而终身烦恼或受累，甚至可能丢失生命。生活环境中遇到的废气尘埃污染、细菌病毒疫情、食物毒素，也可能引起疾病。

"毒蛇猛兽、狂犬破口，车来车往、事故无常"：小孩子外出，需要大人照看带领。去野外，需谨防山涧草丛毒蛇蚊虫与猛兽侵袭，如遇犬齿动物抓咬致破口渗血，或被金属等尖锐物刺伤，必须第一时间到医院就诊，接受狂犬或者破伤风疫苗处理。对于外部小伤口，家长顺便教孩子学习，自己做消毒处理。去城市街道，可以实地教孩子交通安全与车辆避让。

"呵护女童、内紧外松，形影守候、多心无忧"：孩子玩耍，家长视线要跟着，以此保障孩子的安全。女孩的看护，尤其需要用心，防止人为伤害与走失。父母内心的防范意识，不宜处处在孩子面前表现出来，以防节外生枝，给孩子造成时时不安全的心理阴影。

"社会阴霾、陷阱告诫，年幼知坏、太多有害"：社会总有少许阴暗丑陋及各种害人的阴谋陷阱，需要逐步地让孩子知晓防范。但不要让年幼的孩子知道太多负面消息，因为其实他们遇到坏人的概率很小，多数人可能成长期间都不会遇到，一些阴暗的恐怖事件对孩子的心理与精神健康或多或少是有些伤害的，就像药一样，治病的同时总是有副作用的。

———→ 疏解情绪

青春蜕变、情绪难免，抑郁心境、无以兴奋。

权威世俗、债情背负，意愿倾诉、消除郁堵。

家有温馨、心事知音，宠物依人、怜爱舒心。

结队成群、热闹欢腾，身体力行、兴致可耕。

"青春蜕变、情绪难免，抑郁心境、无以兴奋"：孩子进入青春发育期，生理急剧变化，心理与生理发育变化速度不一致，使之前的心理、生理失去平衡，引起心情跌宕与情绪不稳定，这是正常的、难免的，只是严重时可能被视为心理疾病。缺少兴奋，对什么事都没有兴趣，就是抑郁的心境。随着年岁增长、身心发育的逐步协调与社会经历的增加，孩子的心理也会像皮肤一样，由水灵稚嫩逐渐变得皮糙肉厚，慢慢变得坚实稳定。

"权威世俗、债情背负，意愿倾诉、消除郁堵"：面对长辈、老师或传统礼教的要求，做不到或不愿意做的乖孩子可能会自责，感觉欠了一种还不起的债，巨大的心理压力油然而生。有机会说出自己的真实意愿或委屈感觉，或通过其他形式吐露心声或发泄情绪，可以有效清除内心的郁闷。

"家有温馨、心事知音，宠物依人、怜爱舒心"：父母像伙伴一样亲近随便，孩子就愿意吐露心声，彼此成为知音。家有小猫小狗或小鸡小鸭，可爱的小动物令孩子心生怜爱，心情轻松舒展。这些环境让家成为孩子温暖柔软的依恋。

"结队成群、热闹欢腾，身体力行、兴致可耕"：伙伴在一起活动时会感到活力四射，若碰撞出奇妙的想法，更会兴高采烈地去做。孩子们亲自动手、劳神费力干活，可以激活身体激素。而做事一旦成功或获得认可赞扬，就有成就感，就会情绪高涨、兴奋不已，由此唤醒心境，激活兴致。

—— 释怀心态

手机网络、尽知糇恶，云淡风轻、免疫适应。
聚光成焦、平素逍遥，无需讨好、逃之夭夭。
焦虑不堪、休学撒欢，弃笔从戎、更换天空。
瑕疵点缀、不求完美，生死为最、看穿秋水。

"手机网络、尽知糇恶，云淡风轻、免疫适应"：手机通过
网络连接着外界各个角落，世间发生的良善罪恶与真假美丑，随
时都呈现在孩子面前。父母可以从正面解释引领，适当淡化处理，
增强对不良信息的免疫，适应现实社会。若家长过于紧张而坚决
禁止，孩子会更加好奇，结果可能适得其反。

"聚光成焦、平素逍遥，无需讨好、逃之夭夭"：孩子太小
就参加社会表演或竞技活动，受到陌生群体或社会的过度关注，
可能引起心理不适。孩子过普通平凡的生活，会感到轻松自在，
更加安适。在群体活动中，人人平等，不要受世俗的影响而提示
或鼓励孩子去迎合别人，让孩子感到不愉快或不愿意出席的集会，
就不要勉强让其参加。

"焦虑不堪、休学撒欢，弃笔从戎、更换天空"：如果孩子
对考试或上学持续焦虑，父母就要破除休学难堪的旧观念；孩子
不喜欢寒窗苦读，就要果断暂停退出，让他们做自己喜欢做的事，

欢畅嬉戏。求学郁闷，还可以换一个思路，弃笔从戎，先参军或自谋职业，待年龄大点懂事些再复习上大学，随心所愿，按需求学，更能快速成才，开创事业，取得更大的成功。

"瑕疵点缀、不求完美，生死为最、看穿秋水"：人的素质可以千差万别，一个人无法做到面面俱到，事无完美，人无完人。不足与缺失，就是人生的常态，相比生死，什么烦恼与困难都是小事，都会过去。看看动物世界，看看日月星辰，平凡普通的生活才是最珍贵的时光。家长要走出焦虑，释怀过往与未来，给孩子换回该有的轻松自由，从小拥有愉快的心情。

—— 理解逆反

少时逆反、默契相关，称心遂愿、刮目相看。
斥责阻挡、成人妄想，不如同党、一起疯狂。
不虑不焦、放手一跑，期待不高、平安即好。
志趣探索、实地一搏，大学何急、后会有期。

"少时逆反、默契相关，称心遂愿、刮目相看"：逆反是家长的一种感觉。青春发育开始后，少年的心理与生理急剧变化与动态成长，之前与成人在意志、神情或言行的默契开始失衡，出现冲突。家长和老师若熟知孩子发育的心理阶段，及时调整到与孩子同步同频的意识觉悟，双方就会传神会意、和谐共情。家长不用担心孩子任性，他们会遵循生命的密码节奏，在健康的社会环境中，像植物种子一样自然生长，逐步成为该有的模样，超出预想。

"斥责阻挡、成人妄想，不如同党、一起疯狂"：通过训斥打骂等强制措施直接去改变孩子的言行是徒劳的，不如让自己与孩子一起做他喜欢的事或玩耍。过程中，权威一方的意见会在具体环节的需要中被孩子接纳，家长的价值取向会自然地植入孩子的心灵。

"不虑不焦、放手一跑，期待不高、平安即好"：对孩子期待高也没有直接的作用与效果，唯独照看安全是现实可为的。孩子的兴趣随年龄的变化而变化，不是一成不变的，还不如大胆放手，让孩子按照自己意愿尽情施展。

"志趣探索、实地一搏，大学何急、后会有期"：孩子在现实生活中追逐兴趣或目标理想，通常会全神贯注付诸实施，这种自动自发的务实拼搏与探索，会深刻地积累感性认识、直觉思维与动手能力，同时增加社会阅历。大学是文化熏染、知识学习、技能奠基的地方，入学不急一时。先在实践中历练两年，待心智与认知更加成熟、目标更加明确，再去争取。孩子基本长大成人时，可以更加理性地选择合适的大学与喜欢的专业，有的放矢，人生发展可以少走很多弯路。同时，孩子的理解力更强，学习认知效率成倍提高。懂得这个道理，便可以用成年人的效率巧妙地换取童年成倍的时光。

—— 关照早恋

少小异性、悦目相近，天然怡情、无关婚姻。
早恋发生、不怒不惊，自然接近、消化迷心。
成年如对、燃情无悔，矜持慢进、岁月归真。
发育女性、生理卫生，知性避孕、艾滋清醒。

"少小异性、悦目相近，天然怡情、无关婚姻"：童年进入少年青春期，自然会对异性好奇感兴趣，交往接触，彼此心情愉悦兴奋，会走得更近，想经常在一起。其实这是生命的自然吸引，与喜欢的人相处愉快而想待在一起，与婚姻没有关系。

"早恋发生、不怒不惊，自然接近、消化迷心"：孩子与同龄异性的亲近让人感觉他们产生了恋情，这时，父母惊慌或愤怒不一定起到好的作用，还不如顺其自然，因势利导，让他们参加有趣的活动，逐渐分散集中到一个人身上的吸引力。这样，很多并非真正的爱情就会回归正常友情。

"成年如对、燃情无悔，矜持慢进、岁月归真"：两个异性孩子经过时间、空间、伙伴、志趣的稀释与淡化，可能彼此没有疏远反而更加亲近。确定是相恋后，父母就应该支持引导，恋爱是每个人应该有的经历，也是每个人的人生权利。谈一场刻骨铭心的恋爱，对每个人的幸福与健康都是至关重要的。健康趋势好、质量趋势高、意境感觉深的恋爱，从开始就应该是循序渐进、矜持有度，用稍微长一些的岁月留下更多共同美好的记忆，缺少理性节制或急于求成就会缩短这个美妙的过程，而让人终生难忘的爱情，人生也许只能触发一次。相反，迫于学业、事业挤占或缺少异性接触机会，错过青春期这个恋爱的黄金季节，对异性的理性会增强，感性激情会减弱，愉悦与兴奋的体验强度与感受深度会降低。唯有遵循生理发育规律，孩子才能不负青春的珍贵与生命的馈赠。

"发育女性、生理卫生，知性避孕、艾滋清醒"：青春发育期间，父母要及时、开明、巧妙、务实地引导孩子。女孩子特别需要科学理性地认识身体与性的发育，懂得性的价值与意义，懂得孕育的原理，懂得生理护理与清洁卫生，懂得性病特别是艾滋病的知识，懂得性病预防与治疗的医学方法。

孩童篇注释

幻遐想

传说迷踪、天马行空，海盗宝藏、痴心狂想。

嫦娥玉兔、月宫起舞，青蛙公主、魔法女巫。

西游聊斋、擒妖捉怪，三国水浒、忠义谋术。

麦田怪圈、一夜之间，飞碟闪现、天外之嫌。

　　孩子对古今中外各种神话、传说、童话、寓言、科幻、迷踪、游记具有天性的痴迷，这些故事可以深深吸引他们，在听的过程中享受奇趣、熏陶正义，放飞想象、增长知识。比如欧洲麦田经常在一夜之间出现有规则的麦秆倒伏现象，空中俯瞰为几何图形；世界各地经常有不明发光飞行物的报道，常常是持续几十秒时间，一闪而过；还有百慕大三角区失踪、玛雅文字遗迹。这些现象至今都没有统一信服的科学解释，怀疑与天外来客有关。探秘奇幻可以让孩子放开束缚、自由疯狂地想象。海盗宝藏、古代沉船等传说或记载也让孩子们浮想联翩。

　　他们要有听的机会、有可以阅读到的图书。对幼儿，大人随心编的一些短小故事，配以绘声绘色的讲述甚至夸张生动的表演，也会让孩子们瞪大眼睛、全神贯注地静心聆听。

观天象

银河璀璨、寂静家园，凝空浩瀚、无我无边。
流星飞过、陨石坠落，极光幽幽、海市蜃楼。
日月辉映、昼夜时辰，大地运行、年月分明。
火山地震、雷霆万钧，太阳图腾、光热无尽。

引导孩子时，可以凝视白天深蓝的天空与夜晚灿烂的星河，感知无限广袤、寂静深邃的宇宙，体会渺小的自我，留下我与天地的神奇印象。让孩子有机会在夏夜欣赏星云星座，偶尔会看到流星拖着长长的尾巴，划亮夜空。给他们解释陨石的坠落，讲述北极极光与罕见的海市蜃楼。给孩子讲述太阳月亮运行与白天黑夜及早中晚时间的关系，讲述地球绕太阳运行形成年月与四季的道理。让孩子知道火山与地震的巨大威力，太阳内部的剧烈反应并产生无尽的光与热，温暖着大地，滋养着地球万物生灵。

—— 识地理

盆地高原、峡谷深潭，山脉峰峦、江河湖堰。
海洋大陆、生命寄宿，进化动物、人类领舞。
墓葬悬棺、干尸千年，化石考古、恐龙先祖。
地热温泉、森林火险，地质勘探、石油煤炭。

让孩子有机会见识地球上的各种地貌，包括盆地、平原、高原、裂谷、山脉、峡谷、山峰、海沟、戈壁、沙漠、冰川、海洋、江河、湖泊。知道大陆与海洋是生命的家园，生物进化至今，动物中的人类出现了智慧，成为地球的主宰。通过出土文物，还原古人的社会生活，还有未解之谜的悬棺与千年不腐的尸体。通过化石考古，了解物种起源与消失，发现三叶虫与恐龙等是地球上最早的生命体，是人类的先祖。通过地质勘探，知道地下有石油煤炭及地热温泉，有利生命繁衍与发展的自然资源也伴随着各种自然风险，如火山地震、森林火灾，危及动植物的存亡。

见气候

清晨霞光、露珠草上，夕阳晚照、红云缥缈。
戈壁荒原、风起苍岚，月映海面、潮落沙滩。
热带气旋、波涛龙卷，远古冰川、高山雪线。
雷雨闪电、洪水悄然，洞穴熔岩、瀑布水帘。

清晨带孩子看太阳露脸的霞光景象，感受草禾茎叶的晶莹露珠，欣赏落日余晖下的红云朵朵。了解戈壁沙漠的旷世荒芜与风起黄沙漫漫、遮天蔽日的天气。看海上生明月的景象，了解月亮的圆缺周期，体验海潮在沙滩涨落的现象与风险，知道涨潮是月球引力所致。了解热带气旋会引起台风与巨浪，巨大的龙卷风还会将海水旋吸成水柱并在海面移动。了解冰川是远古就形成的，在慢慢地消溶，海拔超过雪线的高山上会终年积雪。体会春季雷雨闪电的发生过程与震撼，有躲避雷击的意识与方法，知道山涧溪流因为上游暴雨早发而突发洪水的现象，懂得预判与逃避。

—— 耕时节

惊蛰春分、嫩芽时令，谷雨清明、芒种剪影。
堆肥田坡、浇灌苗禾，藤蔓瓜果、风车草垛。
春耕泥软、柳丝飞燕，仲夏夜晚、摇扇听蝉。
粟穗包浆、秋收金黄，寒露霜降、播散冬粮。

在日常遇到的各种节气时，提示讲解节气及含义，让孩子知道气候、农耕、作物生长与二十四节气的联系。过了惊蛰、春分，

植物即将冒出新芽，过了谷雨、清明，农忙即将来临，芒种时节，可以带孩子去体验农田灌溉、堆肥施肥、春播插秧，去接触收获季节的藤蔓植物、蔬菜瓜果、水车风车、秸秆稻草。知道春耕、夏种、秋收与冬播，分别对应着燕子筑巢、蝉子打鸣、谷穗成熟、下雪打霜的特征景象。

　　—→　爱动物

　　蚂蚁搬家、触角传话，母鸡孵化、刨土唤娃。
　　鱼虾蚌蟹、翠鸟湖泽，鳅鳝龟蛇、鹰击田野。
　　蚕蛹循环、成蝶化茧，候鸟繁衍、迁徙之恋。
　　狗猫牛羊、蜂箱蜜糖，虎豹豺狼、野兽提防。

　　动物的天性与可爱，吸引、启发着人的兴趣与爱心，儿童更是喜欢动物。孩子可以趴在地上仔细观察蚂蚁寻找食物、看看他们如何招呼伙伴传递信息，相约一起，成群结队，浩浩荡荡、准确无误地到达目的地，如何一起搬运比自己身体大得多的食物回家。观察母鸡孵蛋，看看母鸡如何趴伏在众多蛋丸上，经过多少天后蛋壳开始被啄破出现一些小孔，然后伸出湿漉漉的小脑袋，看看母鸡是如何顾及小鸡娃，刨开泥土寻找食物，又如何呼唤。类似，观察鸟儿如何在枝头筑巢、孵化，如何逐个给小嘴喂食。

到溪流湖泽，会看到翠鸟立在水面树枝全神贯注地寻找露出水面的鱼虾，会在泥沙河岸看到蚌埠螃蟹、泥鳅黄鳝，甚至乌龟与蛇，在老鹰俯冲的田野草丛你可能会发现野兔逃窜的身影。

养蚕时，从密集的菜籽般的卵里爬出来的黑色幼虫需要用羽毛去驱赶，吃着桑叶迅速长大变成白色、半透明、透明的蚕虫，然后爬上枯枝吐丝织茧，把自己封在茧里变成蛹，过些时日蛹在茧里又变成蝴蝶，咬破茧壳爬出来，扑打着翅膀产卵，开始新的一轮循环。

随着季节变换，许多鸟类每年需要追逐水草丰美、温暖湿润的环境而繁衍生息，飞过千山万水，长途迁徙，历经数月。

农家一般同时饲养着多种畜禽，孩子若有机会伴随这些温顺的动物一起成长，通过长期接触与互动，可以从它们的声音眼神与行为姿态，体验感悟出动物们的喜怒哀乐及用意。这对孩子的觉识感知、情感发育与心情调整都有难以替代的作用。给孩子讲动物的故事，狗可以看家，牛可以犁田，蜜蜂可以产糖……也要告诫孩子，毒蛇猛兽虽然也很有趣，但是会伤人，要懂得防范。

———◁ 赏植物

桃李怒放、尽染山岗，雨后春笋、数日成林。
雪莲青稞、藏红花朵，椰子菠萝、红豆南国。
奇草会动、猪笼吃虫，葵花向阳、追光转向。
橡树香樟、有机工厂，植物千方、治病药汤。

　　植物花草也是人们的喜好，阳春三月，让孩子领略桃李柚木悉数开花、尽满山崖的壮美，感受落英缤纷、芳香四溢的枝叶氛围，还有蝶舞蜂喧的菜地、莺飞草长的丛林。让孩子到竹林，看看春雨后的竹笋，如何破土而出，如何快速长高；欣赏竹壳竹节、新枝嫩叶、竹林鸟欢的景象。

　　了解海拔与纬度不同，适宜生长的植物种类不同，青稞、雪莲、藏红花为盛产于西藏的高原植物，椰子、菠萝、红豆为盛产于南方地区的热带植物。这里借用一句唐诗"红豆生南国"引出热带区域，也希望通过家长的联想引发孩子对诗词的兴趣。

　　一些草本植物具有奇特的功能，比如含羞草受触碰会退缩，几分钟后又复原。猪笼草在蚊蝇飞入花朵接触花蕊时，花瓣会突然收缩抓住昆虫，随即分泌消化液，从而吃掉它们。日常容易看到的向日葵，花盘在夜间不动，白天即使有云雾的遮挡也会跟随太阳的方向慢慢转动，葵花的这种向日性可能是植物内部细胞组织受太阳的光波或电磁场效应影响所致。很多植物可以吸收地下土壤里的无机养料，在自身体内转化合成有机物料，比如油菜、橡胶树、漆树、棕榈树、香樟树等，他们就像一个高效环保的有机化工厂，能源动力就是太阳，枝叶树干就是车间与库房。很多植物也具有祛病强生的功效，《本草纲目》就是珍贵的祖传药方。

孩子们好奇植物的奇妙，可以查科普，去探索、去请教。

練手工

纸艺折合、飞鹤船模，竹木制作、风筝陀螺。
缝纫裁剪、织编扎染，绳索交联、棉麻丝线。
橡皮弹簧、拉弓上堂，炉窑火工、打铁铸铜。
泥塑陶品、拉坯造型，刻版印刷、颜料拓画。

纸，可以折出很多生动有趣的玩偶或工艺品，比如千纸鹤、纸扇、飞机、轮船及花鸟鱼虫。利用竹木刀具，人们还可以亲手制作风筝与陀螺。稍微大点的孩子，可以试试自己裁剪、缝纫衣服，试试传统的布料扎染与毛线编织，试试利用棉麻丝线，徒手搓制绳索。

利用橡皮制作弹弓，可以发射小石子。体验炉火熔化金属铝铜，体验钢铁烧红后捶打变形。利用拉坯机，搓揉陶泥并制作杯具、碗等泥塑品，还可以上釉后入窑炉烧制陶瓷用品。利用刻刀在木板上雕刻图案，随后涂刷颜料蒙上宣纸，体验版画或拓印之妙。

对于手工项目，孩子们会津津乐道，但必须在成人的指导并确保安全的情况下进行。

—→ 拼勇气

翻山越岭、野外求生，夜幕之行、月色风声。
上树攀岩、飞身如燕，策马射箭、绝尘挥鞭。
滑雪溜冰、速度激情，独轮高跷、合理摔跤。
骑车驱驾、整备护甲，实弹打靶、枪械眼法。

指导或与孩子一起，经历野外山岭，学习求生技能。经历月夜行走，感受庄稼地或丛林夜晚的幽深气息，体验心理暗示与丝

丝恐惧；参与爬树攀岩、骑马射箭、溜冰滑雪、拔河摔跤、踩高跷、蹬独轮车、骑自行车、驾驶游乐机动车等活动，学会安全绳、安全帽、护膝等防护装备的使用，感受平衡、惯性、速度、惊险，训练身体反应与自动保护，适应合理轻微的摔倒。找机会体验实弹射击，感受枪声与枪托的冲击，学习瞄准技巧与呼吸控制，认知枪械原理及安全知识。

以上各项都是孩子的喜爱，充分经历可以增加孩子胆量与勇气，显著提高心理承受力，但都需要在专业人员指导下进行，确保安全。

———➤ 乐童趣

旷野山坡、垒石煮锅，鞭炮颗颗、点燃心魄。
抓鱼捞虾、泥鳅手滑，种菜养鸭、竹筏荷下。
菁菁校园、同学结伴，亲戚客串、假日聚餐。
围炉取暖、枯木吐焰，腊月过年、陶醉期盼。

儿童时代，三五成群，到山坡空地，找几块石头，堆砌灶台，挖出红薯、土豆或摘下豆角，洗净放入锅盆，装上水，在地里找些干枝枯叶，生火冒烟，亲手煮熟品尝，欢歌笑语，其乐融融。节假日里找来一些鞭炮，亲手点燃，感受好奇、激动与恐慌的交织，体验欲罢不能的妙趣。下到浅水溪流，亲手抓鱼虾螃蟹、黄鳝泥鳅，感受它们滑溜或带刺的身体，体会它们逃脱的巧妙与力势，感受抓捕的方法、拿捏的力度，体会抓握的分寸。在房前屋后的菜地，跟着父母种菜养花、养鸡养鸭，跟着大人撑着竹筏或小船去到荷塘追赶小鸭，闻闻荷叶的清香，看看荷花荷包、莲蓬莲子。

享受充满青春活力的校园时光，节假日，相约亲近的同学、亲戚、伙伴一起玩耍，串门做客聚餐，其间自然习得礼仪，见知习俗。冬天，取材生火，围炉取暖，谈论感兴趣的话题，谈笑风生。到了腊月，孩子们心心念念期盼过年，充满着兴奋、陶醉着幸福与快乐，这些过程会让孩子成人后终身不忘。

——— 淘兴致

秋千滑板、平衡体感，乒乓往返、形体快闪。
魔术变换、神奇怪诞，角色动漫、模拟扮演。
棋牌灯谜、闷心猜计，肢体游戏、酣畅淋漓。
南来北往、异域他乡，万水千山、辽阔情怀。

孩童玩秋千滑板，可轻易到达体感动平衡，打乒乓球可快可慢，熟练后必然快速击球与反攻，肢体挥舞不停跑动，这些律动感受很容易让人上瘾，持续的运动有利于孩子成长。魔术变换让孩子们惊奇，动漫情节让孩子们着迷，他们还会追随自己关注或喜欢的角色，着装化妆、手持道具，去参加漫展集会，扮演模拟，还原角色的性格与形象。打牌下棋猜谜语，在兴奋中猜测、谋划与布局，历练心计与沉稳，在紧张中决定与出手，感受果断与刺激。翻筋斗、赛体操、捉迷藏，上蹿下跳，轻快飞驰，历练协调与机敏，即使电玩网游，也兴奋得尖叫，让孩子们陶醉又益智。进入少年时期，很多孩子就不愿意听从父母的安排了，所以要趁儿童时期，多带孩子外出旅行、参观访问。欣赏异域景色、见识民俗风情，走遍大江南北、体验千山万水，会让孩子视野宽广、心胸开阔、性格开朗、情感丰富、豪情满怀。

聚同伴

聚散离别、伙伴情结，往来规则、积习成约。
自发驱动、淡定从容，点滴之功、甘霖相逢。
活动出行、未知方寸，博弈争论、勇谋笃定。
青涩脸庞、丑鸭摇晃，几经流浪、天鹅翅膀。

不同年龄段会有不同的亲密伙伴，有新结识的，有突然离开的，也有不知不觉失去联络的。聚散离别，有兴奋有激动，有遗憾有失落，有沮丧有悲伤，有怨恨有感恩，有想念有盼望，五味杂陈的心情尽染童心，丰富并滋养着孩子的情感。伙伴群体的往来与相处，玩耍与做事，就是孩童时期的社交，长此以往会约定俗成一些规矩或感情默契，练就心领神会的美妙与同理共情的乖巧。

在自由世界里，孩子有意愿有追求，一步步按照自己的思路去完成，当实现自己的想法，他们会心满意足甚至欣喜若狂，尽管在成人眼里是毫无意义的一些小事。

孩子们有主意时会组织活动，不同主题自然会有"内行"出来号召或引领，其间，群体难免出现观点与利益的矛盾，他们会在线上甚至线下争论或冲突。但不必担心，他们自己会在争斗与纠纷中把握分寸，体验进退妥协，寻找契机平衡，学会巧妙化解困境或求同存异，练就沉着冷静、勇敢顽强或机智包容的品格。

在自由成长的环境中，幼稚可笑的孩子经过家庭的养育、学校的教导、伙伴的陶冶、岁月的蹉跎，历经痛苦与欢乐、挫折与成功，逐渐变成自信坚强、性情豪迈、言行洒脱的青少年，丑小鸭逐渐变成美丽的天鹅。

—→ 护心神

苦思冥想、入睡受伤，强迫动脑、神经失调。
瞩眼密集、毁坏视力，励志高求、心力脱钩。
欲禁相争、患难祸根，逆来顺受、积压病垢。
挫败颜面、羞耻难堪，久积过错、藏心成魔。

　　无论是学科作业还是心事，天天高强度思考问题，脑神经持续活跃（神经元之间的连接即神经突触，灵敏而频繁发生），大脑的确会更加灵活，但入睡时神经惯性活动难以停下，入睡难或睡眠浅就在所难免。脑神经的活动过大过久，可能超过同期大脑的承受力，特别是意志坚强的孩子会在脑力疲惫时，强迫自律学习或思考，久而久之会造成不可逆转的伤害，引起神经衰弱，十分烦恼的睡眠障碍可能伴随终身。

　　用眼要以舒适为准，高强度集中视力或长时间注视，不顾眼睛疲劳与难受，久而久之视力就会减退。有志向、有决心并坚持付诸实施，是成功的素质，但是如果精神目标过高，超过当下年龄的智力水平及身体的极限，这种励志强行，用心与实力严重脱钩，会破坏精神、心理、生理与身体的生长节奏及健康平衡，引发疾患。

　　强烈的愿望与坚决的禁止可能产生不良后果或祸患。从社会与人的自身看，一边是禁止限制，一边又要突破。这种矛盾的冲突会以撕裂或破坏的祸端来释放解决，引起犯罪、事故或灾难。隐忍自己或顺从别人，压抑本心、克制意愿，久而久之也会积淀为心理疾病。比如孩子的天性是自由玩乐，但没完没了的课业任务客观地禁止了这些欲望，时间久了孩子的精神可能崩溃。一些诉求没有获得重视甚至被忽略，孩子无可奈何就慢慢适应屈从，长时间不能发泄，孩子就可能郁闷成疾。

无论家庭内外，孩子伤了面子、失了尊严，会感觉难堪，会积累羞耻感而影响心理健康。在众人面前失败、失误本是正常的，别人不会在意，过了就忘了。可是自己事后反复回味当时的情景与感受，在内心反复假设并体会尴尬与难堪，就像牛吃草后在空了时慢慢反刍一样，就会放大或错误地推测别人对自己的看法，会显著加深挫败感、羞耻感。这种心理如果没有得到家长、老师、朋友或自己及时排解而无法释怀，久而久之，积沉心底的情结纠缠纷扰，理不顺也出不来，就像心魔一样遇到相似情困就会爆发出来折磨自己。

在偶然的失手或过错中，孩子可能引发一些暂时不容易被大人发现的损害。这种损害对成人来说可能就是一件小事，但会被孩子看成天大的灾祸，他们害怕被发现，就隐藏内心，持续独自承受焦虑的煎熬。如不能及时被父母发现并给予开导，孩子可能整日躲闪，惶惶不可终日，严重影响心理健康。

保安全

> 水火刀钎、弹射眼脸，失手瞬间、终身为患。
> 煤气烧炉、防爆防毒，阳台窗户、高空坠物。
> 煎油熬汤、高温烫伤，行驶车辆、远离避让。
> 密闭空间、窒息之险，急流深潭、失足无还。

玩耍或日常生活中，远离开水、火焰等危险物，警惕利刃钎杆等尖锐品及弹射落石等飞击物，时刻确保这些物件不会伤及身体，特别是眼睛、耳朵、鼻孔、脸部及大脑，若有意外，很可能带来无法逆转的损害，痛苦或烦恼终身。我们身边难免长期存在一些危险源比如煤气、电力、热油、汤锅、车辆、吊塔、密室、

窨井、洞穴、河流水库。我们要知道它们的危险性，学会辨识，保持足够距离，不去触碰或靠近。一旦这些危险源失控或状态发生异常，或者人滑落到危险区域，就会发生事故，需要及时正确逃跑或施救。

难免又常见的危险是饮食吞咽时，喉咙气管呛食呛水，食物或水错进气道立即阻碍呼吸，情况紧急，需要自己采取咳嗽或饮水等方法予以排除。遇到同伴严重呛食时，知道何种体位或方法可以帮助救急。

危险无处不在，很多隐患可能危及生命，所以我们必须从小就要敏于安危，平时就要懂得安全常识，学会基本的应急逃身或救援方法。

恋凡俗

瞌睡酣香、时长保障，早睡早起、呼吸晨气。
粗茶淡饭、七分饱满，细嚼慢咽、品味尝鲜。
舒展心怀、颜体长开，席位居所、心安细作。
平淡无奇、起伏是趣，进步坡度、心满意足。

孩子没有焦虑与压力，内心轻松就会睡得踏实、睡得香甜，确保睡眠时间足够，让孩子早起感受清晨空气的清新，留下美好的记忆，形成早睡早起的良性循环。在确保基本营养的情况下，饮食不宜精挑细选，在健康食物的范围内，从小引领孩子拓开食物种类。儿童长身体时需要足够食物量，但保持适度饥饿感，孩子食欲会保持旺盛，正餐时吃得更香。用餐时让孩子慢慢咀嚼，好好品尝味道，喝水、喝汤、吃饭，都不要急于吞下去，以免呛住气管或噎住食道。

与经常忧心忡忡、紧锁眉头的孩子不同，自由轻松的孩子长期心情安逸、心胸开阔、精神洒脱、情绪稳定，其容颜与身体的生长发育会更加自然协调，面相与形体会长得更加美观与舒展。生活、学习、休息，有自己稳定熟悉的空间，孩子会感到安心，做事想事都会更有效率更有条理，有利于精耕细作。反之，没有相对固定的居所座位，就可能心绪不宁、难以成事，人其实很难做到随遇而安。

一帆风顺的生活，由于缺少挑战，人会感觉过得平平淡淡，甚至乏味没有意思。而生活坎坷或不满现状而有追求时，人又会遇到一些困难或挫折，感觉沟沟坎坎的，奋斗的过程伴随深刻的感受。所以有挑战的生活，跌宕起伏，更有趣。不同生活条件的人，都有自己的快乐，物质条件的好坏与获得的快乐没有必然的对应关系。快乐是美好感觉的享受过程，感觉也会疲劳。感受的差别或波动会带来情趣，进步带来的感受差别是快乐的源泉。

―――― 织乡愁

青砖瓦房、红墙小巷，田园村庄、豆萁叶黄。
节日来宾、喜气迎门，厨风菜品、味道熏心。
院落村镇、尽熟相邻，外号乳名、方言口音。
足迹深深、过往似锦，旧事缤纷、乡愁如恩。

　　童年居住的环境、游走的路径、感受的气息、体验的味道、听到的言语、欢唱的歌谣、看到的景象、经历的节日、参加的习俗、结识的人物、习成的礼数……经过岁月久远的酿造，成为片片飘散的回忆，美妙梦幻、醋香甘甜。人到中年，触景生情，神情愉悦，会感觉生活丰富多彩。

　　儿时的房屋地貌与院落街坊、伙伴情结与气息情景、厨艺风味与方言习俗，成为乡愁的痕迹或特征景象，承载着对一方水土浓郁的思念与厚重的情感。

　　从这个意义上看，丰富而快乐的童年经历是为后半生积蓄的精神财富。

───┐ 讲卫生

衣冠面貌、镜子对照，发型着装、风格随常。
洗脸擦脖、眼角耳朵，护肤刷牙、毛发剔刮。
洁齿修甲、护理脚丫，澡浴衣衫、勤换床单。
餐便前后、漱洗去垢，打嗝咳嗽、掩纸扭头。

　　照镜子，修整衣着，查看穿戴是否协调、整洁，发型与着装可以时尚但不要怪异。每天起床后，洗脸要周全，顾及眼、耳、鼻、脖、颈，护肤时查看眼角鼻孔，不留瑕疵。定期洁牙、修剪指甲、护理脚丫。勤洗澡并换衣，定期清洗被盖床单。餐前洗手，餐后漱口。餐中打嗝咳嗽要及时用纸遮蔽口鼻并弯腰扭头。大便后的护理，需要先擦净后冲洗，清除细菌的温床，由此，成人也可显著减少痔疮的困扰。

───┐ 知道义

正气正道、不谋阴招，缺点之臊、背后勿滔。
师兄长老、招呼微笑，朋友交好、随便轻巧。
路遇熟人、点头回应，回家进门、热情唤声。
父母孝道、钱粮暖饱，常有闲聊、亲切依靠。

　　做人要公平正义、诚信坦荡、阳光开朗，与同学朋友斗气，不使用阴险毒辣的狠招。每个人都有缺点，背后不要议论，必要时用巧妙的办法提醒对方改进。见到兄长老人，要主动热情，示意尊重，而好朋友之间的交往，可以随便些，以便彼此感到自由轻松。遇到熟人先给自己打招呼时，要点头示意积极回应。离家时主动告别亲人，回家时，热情呼唤亲人。

　　孩子要明白并记得父母的恩情，从小懂得孝敬父母。关注老人有没有病痛、有没有钱花、有没有衣穿、有没有食物；乐于为父母付出劳动、付出时间、付出感情、付出艰辛、付出金钱；陪父母拉拉家常、聊聊工作、谈谈孩子、说说心里话，体会父母的亲切，敢于把感激与烦恼的话说出来，让父母有安全感、依靠感。

—— 懂恩利

　　名利奖赏、欣然分享，拒受纳接、懂礼识节。
　　营私企图、自绝同路，妄为缺德、公众不悦。
　　知错认错、坦诚洒脱，领情认可、虚怀自若。
　　急难困境、互相帮衬，勤俭节省、自力更生。

　　与同伴共同完成或有其他人的支持与协助而完成的事，要认识到并承认其他人的铺垫与作用，因成绩获得奖励或表扬，要大气地分享奖励物质并略带夸张地感谢其他人的付出，尽可能列出一些获得支持的事实。对于他人的善意或赠予，可以根据交往的礼数、感情的亲疏、道义的取舍，确定婉拒还是接受。不涉及原则的小事，还要考虑情景与氛围的自然，避免适度的好意演变为尴尬。

　　只顾自己不顾别人，一心图谋私利，爱占小便宜，贪婪钱财，有这种意识与习惯的人，你会喜欢吗？你也会选择悄悄离开，不愿深交的。在公共场合，言谈举止狂妄任性、无所顾忌甚至放纵失德，会让大家反感甚至引起公愤。

　　能够认识到自己的过错并敢于说出来，就会成为内心强大的人，就会变得谦虚、坦诚与洒脱，其实只要有一次的勇气突破，就放下了面子，其后就不难开口了。对别人的帮助或好意，可以领情的以欣喜的态度接纳并真诚致谢，不宜接纳的要有善意或委婉的回应，让人感觉通情达理。把别人的恩惠讲出来，是对付出的认可。一句不经意的感谢，会给付出者沉甸甸的回报，比金子还珍贵，这样的一句话还会给旁人留下长久的温暖。承认他人的帮助不仅不会影响自己的身价，还会给人以自信与虚怀若谷的感觉。

　　遇到急事难事，只要你开口，别人一般都很愿意帮助的，这次他帮你，下次你帮他帮别人，由此也结下友谊。要想想家里的钱粮是哪里来的，珍惜现有的物品，既要享受，也不要浪费。长大后生活靠自己，要从小锻炼生活能力，天天试着做自己的事，也做家里的事。

化矛盾

研讨辩论、和颜轻声，有理饶人、输赢不争。
感情易损、利害之衡，矛盾纠纷、化解为亲。
言语冲突、切勿动粗，野蛮恶魔、寻机逃脱。
守法惜命、协防毒品，家暴同情、拯救报警。

与人研讨或辩论需要和颜悦色，轻声细语，对方不理解或者没有意识到时，不要有理就不饶人，不要用强势的态度或情感逼迫别人认输或就范，要学会照顾别人的情面，众人面前要给人以台阶，避免尴尬窘迫，否则可能让对方产生心理阴影或记恨。感情积累很慢，毁损就是一句话的事，所以出现矛盾时，要权衡利弊，优先考虑用善意的思路去化解。以对方的关切为突破口，巧妙取得共识，这样化解矛盾，彼此感情不至于破裂。

矛盾激化导致言语冲突时，切记不要讲粗话，更不要动手，如果对方看似野蛮或恶人，不必纠结输赢与面子了，好汉不吃眼前亏，及时找机会离开为上策。

在一些娱乐场所，可能存在毒品诱骗，需要提防，互相提醒，一旦沾上毒品，性命就搭上了。发现周围出现家暴现象，孩子或弱者被家人虐待，要心生同情，及时报警，让警方出面拯救受害人。

学识篇注释

学外语

先学字符、外文歧途，影视图书、原版观目。
文化植入、融化生疏，捡拾辞赋、顺口回复。
旅居本土、交流入俗，传神意图、连猜带估。
实景话务、默化词素，广积语录、脱口而出。

"先学字符、外文歧途，影视图书、原版观目"：学习一门新的语言，常规都会从文辞入手，把外文与母语对应记忆，由母语连接含义，即使外语已学会了，使用中都会在意识流中通过

母语中转一次含义，降低外文理解效率。学习外语的巧妙方法，可以从婴儿学话中受到启发。婴儿在家庭环境中无限次沉浸式感受常用语及意境，一年后就可以吐词发音，从简易音节开始并迅速扩展说话内容，这时他们根本不知道怎么写，但他们可以用准确的言辞与精妙的表情来表达用意。没有这个语言环境的，也可以通过观看原版电影、电视节目或接触图书报纸，通过故事情景带入，熟悉语言环境。

"文化植入、融化生疏，捡拾辞赋、顺口回复"：经常持续观看原版影视书目，故事中的市井风貌、商业景象或娱乐活动等社会背景会不经意地潜入意识，让你慢慢融入语言根植的本土文化背景，不知不觉就没有了语言的生疏感。根据剧情意识流、人物神情、语音及图文，心路跟随，思绪连接，不久就可以大概看懂内容。听得多了看得多了，一些经常重复的词句，就可以顺口说出来。

"旅居本土、交流入俗，传神意图、连猜带估"：学习外语最快捷的途径是居住到所在国。初期交流，只能根据情景与手势表情，结合对方的语音、节奏与语气，连猜带估。一天天，一月月，甚至一年年，现学现用，耳濡目染，传情会意，交流就会逐渐变得熟练，生活变得舒畅。

"实景话务、默化词素，广积语录、脱口而出"：无论是原版影视书目还是有条件旅居本土，因涉及大量生活及社会的现实情景与事项会话，一些关联词汇及意境自然会反复出现，深刻地植入潜意识，大脑与眼、耳、喉、舌具有天性的联动形体记忆功能，类似人工智能，在短期多频次的刺激下，这种功能更会高效发挥。日积月累后，一些常用语，会因触景生情脱口而出。类似幼儿牙牙学语，经历这些过程的浸泡，某一天就可以开口说话了，生动、准确、地道。

—▷ 说口才

万事开端、谈吐在前，课堂内外、大胆发言。
韵词口上、百练成章，豪迈歌谣、纵情高唱。
口气语调、发声技巧，开音亮嗓、神采飞扬。
中心要义、深思归一，议会人际、开口即席。

"万事开端、谈吐在前，课堂内外、大胆发言"：无论生活或事业，语言清爽、声音洪亮、谈吐流畅，首先给人以深刻而良好的印象。从小锻炼大胆发言、轻松说话、敞开发音。

"韵词口上、百练成章，豪迈歌谣、纵情高唱"：常听常念顺口溜、打油诗、绕口令、诗词、绝句、对联、成语、歇后语等，在空旷的区域，尽展豪情、随声高唱悠扬上口的歌曲。

"口气语调、发声技巧，开音亮嗓、神采飞扬"：说话时的语气、语调、语速加上表情，传递着情感与态度，直接影响人际关系，需要反省或学习。科学的发声技巧，可以让人持久讲话时轻松而不累，需要学习。放开喉咙说话，嗓音嘹亮使人神采飞扬。

"中心要义、深思归一，议会人际、开口即席"：经过理论学习、实地调查、潜心思考或总结获得的认知，深刻而精辟，在任何地方都可以随口发言，思路清楚、重点突出，让人一听就懂。

——┐ 懂演艺

戏曲歌舞、练耳识谱，节奏音调、旋律浸泡。
美声高亢、共鸣气腔，管弦乐坊、吹拉弹唱。
排演剧场、道具服装，灯光音响、接线安装。
表演化妆、舞台秀场，主持播报、人气暖场。

"戏曲歌舞、练耳识谱，节奏音调、旋律浸泡"：音乐对人生的快乐感受与心情影响巨大。孩子从小多听音乐，旋律浸泡多，长大后就会喜欢与音乐相关的歌舞戏曲，学习声乐器乐时，练耳识谱快，音准节奏好。

"美声高亢、共鸣气腔，管弦乐坊、吹拉弹唱"：美声是声乐的基础，需要练习气沉丹田、腹式呼吸及避免喉音的发音技巧，练出口腔、鼻腔、额腔、胸腔共鸣，美声可以尽展音质音色与唱功。多听美声、民族与流行歌曲，多看民族乐坊的吹拉弹唱与西洋乐团的管弦交响，从小培养音乐爱好。

"排演剧场、道具服装，灯光音响、接线安装"：戏剧排演，学习剧场设计与布置。根据角色特点及剧情，准备道具服装，调试舞台灯光、音响与视频投影或布景，连接线路或架设工程设施。

"表演化妆、舞台秀场，主持播报、人气暖场"：开展表演活动，练习化妆技巧，走上舞台，展示个体形体。组织集体文化活动或交流，练习主持集会，锻炼讲话、暖场，学会把控进程、控制局面。思想的深度、语言的表现力、情绪的感染力决定着人际交往的气场与影响力。

—— 集文采

读书万卷、气质美颜，饱经视线、神情稳健。
提案编撰、归纳呈现，图文排版、格式规范。
水墨丹青、浓淡意境，手写笔法、字迹优雅。
西洋油画、蒙娜丽莎，国学看本、四书五经。

"读书万卷、气质美颜，饱经视线、神情稳健"：故事情节是吸引人的，借此就要多看书，从喜欢看的书看起，慢慢地自己就会鉴别内涵，选择书刊。博览群书可以使人逐渐明白很多事理，逐渐形成自己对外界的看法，慢慢地打开视野，提高自己的思想境界。这些积累会显著增加自身的涵养与气质，改变行为习惯甚至增加容颜魅力。经常在公众面前讲话做事，适度感受大众的关注，心理承受力会变强，神情也会更加淡定稳健。

"提案编撰、归纳呈现，图文排版、格式规范"：生活体验丰富、思考深入，文案策划与文书的写作就很容易，包括逻辑推理、层次归纳、总结表达。文书格式与图文排版属于编排技能，既要美观又要规范。

"水墨丹青、浓淡意境，手写笔法、字迹优雅"：学会欣赏水墨国画，粗犷柔和的意境与虚无缥缈的情感，尽在笔墨宣纸渲染的浓淡深浅、精细模糊或浸润发散的墨色之间。硬笔软笔，手写字迹。书法是手工创作的字体艺术，学习欣赏各种风格的书法字艺。书写是简单可行的事，从小练习汉字书写，临摹字帖，理解模仿书法家的笔画、字形与结构，多写多练，年久可成。书法可以历练心智、修炼性情，字迹完成的顺畅与效果，会影响人的心情，字迹与章法甚至反映人的布局与控盘能力。

"西洋油画、蒙娜丽莎，国学看本、四书五经"：接触西洋诗画与雕塑艺术，欣赏蒙娜丽莎油画与断臂维拉斯等艺术作品。了解道教、佛教、儒家思想，接触四书五经等读物，领悟中国哲学深刻而广博的内涵。

—— 解课程

数理逻辑、学科基底，生物密码、分子转化。
文史奇妙、古往英豪，天象地貌、物理之道。
农耕菜园、劳动实践，车间生产、机器零件。
法纪律政、案例讨论，民族复兴、大国工程。

"数理逻辑、学科基底，生物密码、分子转化"：知识课程通常是在学校开展的。数学逻辑、物理原理，是其他学科的基础。随着年龄的增长，孩子的理解力会明显增强，可以逐步开启学科知识学习。初始，最好由精通数理的老师，精心备课，以形象生动的方式把每一个概念与原理都迅速讲清楚，让孩子有打开心结、茅塞顿开的豁然。数理类似游戏，孩子们一旦体会到解题的通达乐趣，也会像游戏一样着迷。生物转化、生长繁衍、基因遗传，依赖于食物分解、营养合成与物性转化的分子反应。长大要研究生物科学，需要学习分子生物学。

"文史奇妙、古往英豪，天象地貌、物理之道"：沿着时代造英雄、英雄写时代的脉络，阅读文史，生动有趣，不知不觉就积累了历史文化知识。天文天象、地理地貌，是由各种物质组成的宏观物理世界，物质是由分子原子组成的微观物理世界，分子与原子的状态及本性决定了物质的属性。物质的变化有两种机理，有属性改变的属于化学变化，没有属性改变的属于物理变化。

"农耕菜园、劳动实践，车间生产、机器零件"：开垦菜园，参与农耕，亲手翻地松土，栽种蔬菜，点播作物，除草、浇灌、施肥，观察生长态势，实地收割，体验劳动的辛勤与收获的欢乐。制造产业具有代表性。成人后，进入工厂实习，认知车间设备的功能与自动化，见识机器制造零件的过程，感悟生产制造与财富创造，感知工业、农业与服务业特点，感受作业安全与劳动保护，增长职业经历。

"法纪律政、案例讨论，民族复兴、大国工程"：结合案例，查寻法律体系，接触民法与刑法，学会用法律保护自己，懂得道德、纪律、法律、法规对社会与生活秩序的约束，敬畏法律，遵守纪律与道德。从小关注国家大事，根植家国情怀与事业信念，关注国家大事，懂得民族复兴是国家的最大工程，觉识国家的需要就是使命，明白为国家为社会创造成绩、为人类奉献智慧，就是人生的最大成功。

——● 梦科学

大洋深潜、海底沟堑，太空建站、人员往返。
深空射线、天眼可见，火箭飞船、星际探险。
基因重组、动物克隆，粒子加速、高能技术。
原子裂变、核电核弹，量子纠缠、遥远互感。

"大洋深潜、海底沟堑，太空建站、人员往返"：下海，我
国载人深潜器在马里亚纳海沟下潜深度超过 1 万米；上天，我
国在离地 400 公里的太空建立空间站，神舟载人飞船穿梭往返。

　　"**深空射线、天眼可见，火箭飞船、星际探险**"：深空探测，我国在地面建立全球最大的直径 500 米大口径射电天文望远镜俗称天眼，昼夜检测来自太空的各种射线及脉冲信号，开展宇宙射线与天体研究。人类通过运载火箭发射月球车、火星探测器，还发射飞船到太阳系外做星际科考、探险。

　　"**基因重组、动物克隆，粒子加速、高能技术**"：生物科学方面，通过基因重组可以实现动物复制克隆。高能物理领域，通过电磁技术实现粒子加速，让高速粒子轰击原子核，开展核物理应用与理论研究。

　　"**原子裂变、核电核弹，量子纠缠、遥远互感**"：利用原子核裂变原理，已经实现核发电与核武器的制造。现在，可以通过电子显微镜观察到原子排列形貌，但进一步的探索需要更加精密的科学装备，微观世界中还有很多未解之谜，比如远程可以同时感应的量子纠缠现象，虽然没有破解其联动的机理，但人类已经开始用于通信了。

　　通过故事或媒体传播等渠道，让孩子感知现代技术与科学前沿，获得开阔的眼界与心胸，激发对科学的向往。

女孩篇注释

性情

达观温婉、淑女之范，受人喜欢、百事为先。
矜持内敛、本性为善，笑语言谈、春风拂面。
恭谦顾让、以柔济刚，幽默乖伶、悦己悦邻。
相夫之道、示弱存娇，老幼之间、嘘寒问暖。

"达观温婉、淑女之范，受人喜欢、百事为先"：善解人意，听取、尊重或宽容不同意见，成人之美，顾及他人感受。态度谦逊、语气温和，语言委婉、行为端庄，自信坦然、开朗豁达。在生活与工作中，受人喜欢最重要。

"矜持内敛、本性为善，笑语言谈、春风拂面"：做内心善良的人，遇事大脑清醒有主见，考虑环境与对象后再慢半拍做出反应，练就神情冷静、态度稳重，内心平静、情绪稳定。自信说话，笑声爽朗，可以展现朝气并给人以信心。

"恭谦顾让、以柔济刚，幽默乖伶、悦己悦邻"：对长辈要有恭敬之心，对同辈要谦让，对弱者要懂顾及，要以柔和的方式表达坚定或化解强势。以谦让的态度处事，也容易获得回敬与顺畅。言语风趣乖巧，自己心情好，也让周围的人开心。

　　"相夫之道、示弱存娇，老幼之间、嘘寒问暖"：与爱人相处要温柔相待，无论语气还是脾气都不要强势；与老人小孩相处，要有生动亲切的称呼、言语与行动，去关心去问候，温情相待。

　　　　　　文化

　　古今中外、风云梗概，器乐字画、习性致雅。
　　书香笔勤、文质彬彬，舞姿一闪、魅力翩翩。
　　圣贤之音、路标指引，宏图之征、乐道津津。
　　行为做派、格局风采，文化洗牌、换骨脱胎。

"古今中外、风云梗概，器乐字画、习性致雅"：通过传说、传记、小说与历史资料，可以了解古今中外的历史脉络与时代变迁，英雄人物与智慧文明概况。接触并欣赏文学艺术，包括经典作品、诗词歌赋、器乐声乐、绘画书法，人的语言与行为就会慢慢地变得文静优雅。

"书香笔勤、文质彬彬，舞姿一闪、魅力翩翩"：喜欢读书或写作的人，在日常社交活动中会更显文气。任何遵循舞姿的肢体摆动，都彰显优美。小时候喜欢跳舞的人，成人后动作协调，在拍照或日常生活中稍微施展，平添魅力，增加信心。

"圣贤之音、路标指引，宏图之征、乐道津津"：经典作品或文人墨客、科学家、哲学家的观点是高度智慧的结晶，更加接近真理，可以作为人生的指引。跟随有利于社会、有利于国家、有利于人类幸福的伟业征程，或追求自己的情怀梦想，做事更有激情，生活更有乐趣。

"行为做派、格局风采，文化洗牌、换骨脱胎"：一个人的行为表现、情绪姿态、为人手段与处事风格，是其思想境界与视野格局的体现。经过足够深厚的文化浸润与生存洗礼，人的认知格局与精神境界可以获得跨越式升华，成为一个高尚或智慧的人，相比昔日，甚至有脱胎换骨的感觉。

—— 生活

打扮时宜、穿戴得体，素颜年少、轻黛窈窕。
换季知冷、衣装换新，色泽式样、舒适时尚。
家室归整、清爽卫生，营养烹饪、运动塑身。
一技之长、收入保障，生财有方、尊严至上。

"打扮时宜、穿戴得体，素颜年少、轻黛窈窕"：什么季节开什么花，日常生活中，女孩的穿戴搭配，要适合年龄、季节、身份或出席的场合，少年时期不用化妆，长大成窈窕淑女时，可以略施粉黛，一抹淡妆。

"换季知冷、衣装换新，色泽式样、舒适时尚"：根据季节与天气冷热变换着装，可以根据经济条件酌情购买添置新衣服，选择自己喜欢的色泽与款式，以舒适为准，跟进时尚，保持优雅。

"家室归整、清爽卫生，营养烹饪、运动塑身"：根据自己的喜好收纳、整理、清洁居室，除去异味保持清爽，改善卫生状况，减少疾病。懂膳食营养与烹饪厨艺，吃好而不要吃太饱，习惯运动，追求身材苗条。

"一技之长、收入保障，生财有方、尊严至上"：依靠自己的劳力、手艺或智慧可以创造财富，有社会需要的一技之长，找到发挥的渠道，可以稳妥创收。赚钱致富，有很多途径，维护人格尊严，无须卑躬屈膝。

处事

自私自利、闺蜜离弃，投机取巧、亲朋断交。
反省知过、将功补错，细听诉说、情投意合。
场面对付、阴阳有数，度人识相、半信半防。
厌烦推诿、知难而退，利弊相较、敢求敢抛。

"自私自利、闺蜜离弃，投机取巧、亲朋断交"：只顾自己不管别人感受与利益，必然会受到孤立。做面子工程、偷奸耍滑，朋友伙伴会认清虚伪，断绝来往，慢慢离开。

"反省知过、将功补错，细听诉说、情投意合"：自己能够像照镜子一样及时反思自己的作为，及时发现过失并用心纠正，做出更好的结果。别人出现差错，要耐心听取其解释。别人对自己有意见，要诚恳听取或吸纳，有则改之无则加勉。这样，可以与同事、亲人或朋友友好相处，同心协力。

"场面对付、阴阳有数，度人识相、半信半防"：社会复杂，害人之心不可有，防人之心不可无，既要热情应付场面又要察言观色，分清客套与真假。外人的话不能一听就信，要通过行为发现动机，通过表情窥视心灵。

"厌烦推诿、知难而退，利弊相较、敢求敢抛"：有些人得寸进尺、脸厚心黑、让人心烦，要善于推脱，敢于离开。有些事推动太难也不必勉强，敢于退出。为人做事，权衡利弊，敢于大胆追求，也敢于果断舍弃。

婚恋篇注释

相识相恋

人流汇道、擦肩失交，体格相貌、眼缘碰巧。

待人印象、折射善良，柴米厨房、持家意向。

关注嫉妒、痛心在乎，干预知度、自在如初。

意气之柔、个性难修，恋日年久、婚稳育幼。

　　"人流汇道、擦肩失交，体格相貌、眼缘碰巧"：每个人都可能擦肩而过，只有身材相貌或言语风姿突出的人会吸引到一些异性的眼球，敢于主动接触的，才不会失之交臂，成为男女朋友。

　　"待人印象、折射善良，柴米厨房、持家意向"：对方对待其他人特别是老人与弱者的态度，是品性的反映；对衣食住行的实操，是热爱生活的写照。

　　"关注嫉妒、痛心在乎，干预知度、自在如初"：进入热恋，双方容易投入密切的关注与实际的感情，越关注就越牵挂，越牵挂就越敏感、越烦恼，一方与其他异性相处，容易引起另一方的嫉妒与误会。激情与感性需要理性与分寸去确保，需要信任与宽容去平衡，需要时间与经历去稳固，需要真诚与付出去栽培。各有空间，疏离适度，有利于爱情的长久。

　　"意气之柔、个性难修，恋日年久、婚稳育幼"：性格表现在意见的包容与气势上，双方性格都强势的话，婚姻的和谐是会受到挑战的。性格的磨合或了解需要时间与接触。恋爱时间长一点再结婚，结婚时间久一点才生育，可以充分减少婚姻风险，有利于未来家庭的圆满与孩子的安然。

—→ 天伦之乐

孩子双双、嬉戏健康，儿女一样、子孙满堂。
姓名字号、简明顺调，族谱手稿、辈分列表。
老少疾苦、亲自照顾，节气民俗、庄重祭祖。
外有坚强、回家温良，语气和缓、出门笑脸。

"孩子双双、嬉戏健康，儿女一样、子孙满堂"：两个以上的孩子可以互为玩伴，人格与心智的发育更加健康，男孩女孩都一样，都是家里的宝，孩子给家里增添生机与喜气、和睦与祥和。

"姓名字号、简明顺调，族谱手稿、辈分列表"：给孩子起名是非常重要的事项，姓名是要被各种人叫喊一辈子的，对孩子成长过程的心理与情感难免会有影响。姓名除含义美好外，需要字体简单易认，念字吐音通畅顺口、平仄顺调，容易叫唤与记忆。生物基因的代际相传是有严格的体系路径的，根据中国传统，生命族系中血脉代际辈分用姓名的中间字符来代表，以区分血亲体系中各嫡系、旁路亲缘。年轻的父母需要认知家族轶事与祖传家谱，了解名字的正式结构与辈分的嵌入习惯。

"老少疾苦、亲自照顾，节气民俗、庄重祭祖"：夫妻双方亲自照料自己的孩子，不忘关心对方的父母，带领孩子欢度民俗节气，举行小小而庄重的祭祖仪式，表达内心的思念与恭敬。

　　"外有坚强、回家温良，语气和缓、出门笑脸"：有一种现象，就是在外面强势的人在家里常常比较温和，在家里强势的人在外面常常比较温和。家庭氛围需要成员共同作为，为了让家人感受愉悦，需要反省自己，抛弃投机取巧、针锋相对、出言不逊、凶神恶煞或愁眉苦脸，养成尽心尽力、热情相助、心平气和、好言相商、随口带笑的习惯。

　　——➤ 居家生活

　　管网水电、工具修缮，腌腊香甜、酸辣泡坛。
　　起居细软、服饰装扮，新旧替换、精彩不断。
　　料理时效、切忌唠叨，尽心尽劳、不论多少。
　　家长里短、定期会谈，心底幽怨、开诚相见。

　　"管网水电、工具修缮，腌腊香甜、酸辣泡坛"：家室房屋，水电、器物、管网，难免出现故障，需要配置机电维修工具，储备常用消耗物件，懂得保养知识，具备简单的维修技能。勤于动手，看到自己的成效，平添乐趣。与家人孩子一起自制各种传统或情趣食品，其乐融融。

　　"起居细软、服饰装扮，新旧替换、精彩不断"：床单被褥与鞋帽服饰要讲究品质与搭配，要以动态的眼光不定期添置新品，淘汰破旧，让家人经常有新的感觉，对生活乐此不疲。

"料理时效、切忌唠叨，尽心尽劳、不论多少"：家务琐事，每天重复不断，尊重彼此做事的节奏，不要经常安排对方，不要唠唠叨叨。成家后互为最亲近的人，遇事及时顺手料理，不计付出，不比辛苦。

"家长里短、定期会谈，心底幽怨、开诚相见"：成家后，会面临小家的收支管理矛盾，也会面临两边父母、兄弟姊妹及亲戚朋友的厚薄礼遇，这些利益或热情的偏颇，会影响对方的感受。一个家庭，要定期召开家庭会议，让大家有机会讲出心中的想法或积怨，消除误会或猜疑，增进感情，确保家庭持续和睦。

—— 相依相伴

球类上瘾、持续健身，闲暇怡情、烟酒不近。
唱歌跳舞、音乐曲谱，琴棋书法、美景诗画。
职业打拼、成效求薪，不畏艰辛、实业求成。
关切解读、看到付出，童心永驻、银丝相濡。

"球类上瘾、持续健身，闲暇怡情、烟酒不近"：球类运动容易上瘾，让人从健身过程中充分体验到快乐，持续性较好。除运动外，还需要有悠闲时光，一个人去自己喜欢的地方放空思绪，或约上朋友释放豪情。从机理上认清烟酒对人体的作用，保持理性，才容易做到不酗酒不吸烟。

"唱歌跳舞、音乐曲谱，琴棋书法、美景诗画"：闲暇时光，可以参与或欣赏各种美术、音乐，可以走进自然欣赏美景，走进异域体验风土人情。

"职业打拼、成效求薪，不畏艰辛、实业求成"：有专业知识与技能，可以谋求一份职业，能力强工作成效好可以获得或追求更高的薪资。有勤奋刻苦精神，敢于奋斗拼搏，可以去开疆创业，通过创新与智慧获得成功。

"关切解读、看到付出，童心永驻、银丝相濡"：结婚久了，容易习惯自己的满足，麻木对方的付出，心生厌倦，看到的都是烂点，从而忽略对方的关切，逐渐为婚姻埋下隐患。"失去"是治疗倦怠的猛药，也是毒药。反思初恋，读懂对方的关切，看到自己的贡献也要看到对方的付出，掂量对方的存在是累赘还是必须，保持童心，夫妻才能幸福到老。

—→ 价值传承

> 节点拍照、储存美好，日久生厌、旧情呼唤。
> 作品器件、精选纪念，世代稀有、珍藏传后。
> 万贯金山、逝人无缘，大业为公、小财私用。
> 财富接班、业态转换，精神传承、家风家训。

"节点拍照、储存美好，日久生厌、旧情呼唤"：在一些节假日、生日、纪念日拍摄人物合影或环境照片，可以定格收藏美好的记忆，悠悠岁月后，再回看这些旧照，可以唤醒旧情、激发美好、消除厌倦、唤醒活性，也可以修复尘封的、危机的甚至破败的感情。

"作品器件、精选纪念，世代稀有、珍藏传后"：喜欢的经典作品或器物，要精心保存留作纪念，代代相传的物件应该视为珍宝圣物，要科学保存，预防毁损与遗失，以便流传后世。

"万贯金山、逝人无缘，大业为公、小财私用"：一些老人常常省吃俭用，节制消费，结果寿终正寝了，辛勤一辈子积累的钱财还没有用到，也许他们根本就没有打算自己用。再多的钱财，人死了也是没有用的，所以要建立切实的消费观。事业做得很大财富积累很多，业主及其家人也是一个个普通的凡胎肉体，客观上根本无法消耗掉其创造的金山，终其一生也只能用掉少部分，其余的自然会留给社会的。所以，立大志、创大业者要有大智慧、大胸怀，成功后要及时享受美好生活，同时回馈社会、奉献大众，为弱者提供帮助，为社会创造财富，为人类留下智慧。

　　"财富接班、业态转换，精神传承、家风家训"：如果采用现金存款，传承的财富也会很快消散，通货膨胀是经济规律，随着社会的发展，现金存款必然会被快速稀释。如果采用事业接班，让子女直接去接手自己不喜欢或不懂的行业，事业也很可能崩溃。如果采用业态转换，让子女按照自己的志趣喜好选择新的项目，经历挫折练就素养，更有可能逐步成功。财富难以传承，但财富思路、经营策略、价值观念、教育方法等智慧，可以作为精神财富植入家风家训，代代相传，若有后人领悟了这些精神并结合时代应用，就可能在那一代人中再创辉煌、新增财富。

人际篇注释

慎语气

风趣欢颜、阖家温暖，怨气满天、爹娘躲闪。
分手不欢、过河桥断，怒目瞬间、烟消云散。
气急语陡、画脚指手，咄咄势头、话锋刃口。
抬杠酸溜、尖刻失柔，快意恩仇、后悔疾首。

"风趣欢颜、阖家温暖，怨气满天、爹娘躲闪"：情绪具有传染性，在家有说有笑，风趣幽默，亲人就会感到轻松愉快。经常怒容满面、斥责满天、牢骚满腹，或者整天阴沉忧郁、唉声叹气，家人会谨小慎微甚至心惊胆战。

"分手不欢、过河桥断，怒目瞬间、烟消云散"：无论是婚姻还是朋友关系，在出现危机时，都要理性节制，不要一时冲动把话说绝或者把事情做绝，即使分手也要保留好的印象，保全对方颜面与尊严，也给旁人留下善意的印象。分手泄愤、怒目相向，任性一次，所有感情就会瞬间消散，破镜难以重圆，关系难回从前。

"气急语陡、画脚指手，咄咄势头、话锋刃口"：话语，可以像寒风一样刺骨，也可以像暖阳一样温心。说话时语气急、语速快、音调高、言辞陡、话锋尖、质问多，说话之间不断有肢体动作或泡沫四溅，是性格强势的表现，容易让人颜面难堪或心情不好，容易令人反感甚至引起冲突，容易让朋友渐行渐远。

"抬杠酸溜、尖刻失柔，快意恩仇、后悔疾首"：说话习惯性带刺，别人的话一出来，首先不是考虑如何去接话或暖场补台，而是专挑毛病找碴，鸡蛋里面找骨头，会让人厌恶。感情用事，仇不过夜，图一时之快，言行冲动，更是容易搞砸局面，事后定是追悔莫及。

---- 识朋友

正直有信、赞赏响应，善待弱小、君子可交。
趣味相投、宽厚为友，认知与共、追逐为盟。
借钱发酵、结局难料，取财有道、情义为高。
热心过多、打扰为祸，久不聚合、铁杆散伙。

"正直有信、赞赏响应，善待弱小、君子可交"：为人真诚公正、守时守信，积极评价或肯定别人的成绩，积极响应别人的热情，同情帮扶弱者，这种人品德高尚。因品德相同而成为朋友，为君子之交。

"趣味相投、宽厚为友，认知与共、追逐为盟"：趣味相投并互相宽容而成为朋友，为生活之交；观念相同并有共同的理想信念或追求成为朋友，为同志之交。

"借钱发酵、结局难料，取财有道、情义为高"：朋友之间的经济往来要慎重。借钱可能不按时归还，也可能还不起，甚至根本就不愿意还，馈赠时对方可能不需要或觉得失面子，也可能对方不记情或不懂感恩。借钱或馈赠，发生言传误会或其他意外时，可能伤及自尊或引起矛盾，友情可能变为仇恨。君子爱财取之有道，一个重感情讲道义的人，赚钱有正常的方法与渠道，不会采用歪门邪道或伤害朋友的利益。

"热心过多、打扰为祸，久不聚合、铁杆散伙"：为人冷漠不好，过于热情也不好。换位想想，对方是否真的需要你的热情与馈赠？不然这份关心就是打扰，这份馈赠就是强迫，对方获得的感受就不是愉悦而是不适。任何感情都需要滋养，但需要合口的养料，很久不联系，没有任何养料，朋友关系就会消散。

———— 知感情

清楚明了、斤斤计较，融洽之道、模糊是好。
颜面之怨、居心不散，浓情时艰、把酒问天。
谦让致敬、惠顾结亲，社交底蕴、势力名声。
感恩叙情、回报有声，温故知新、处处逢春。

"清楚明了、斤斤计较，融洽之道、模糊是好"：财物往来中，清算精细的人，给人以小气的感觉；抓大放小，给人以豪迈大气的感觉，后者有利于感情的融合。

"颜面之怨、居心不散，浓情时艰、把酒问天"：交往中，不慎的言行可能让人丢了面子，如果不及时化解，怨恨会埋在心里很多年甚至终身不忘。深刻或持久的共同经历让人心生亲近，比如长期共同学习、一起工作奋斗、并肩生死作战，都会提升感情的浓度或积累的速度。

"谦让致敬、惠顾结亲，社交底蕴、势力名声"：谦让会获得对方的尊重，乐于助人会获得更多的友情。但在物质社会中，实力与名望预示着人的身价与社会影响，实力与影响是人的社交底蕴。

"感恩叙情、回报有声，温故知新、处处逢春"：记得恩情并善于及时、当面、坦诚地表达出来，让人感觉实实在在的回报，这种情感的表达，做一次就忘一次，只要间隔稍微久一点，后面有机会又同样真诚地表达感恩之情。这样的人给人以有情有义的感觉，久而久之，会有良好的人脉关系，做事顺风顺水。

> 局面境遇、懂理识趣，审时度势、进退合适。
> 机灵豁达、见眼施法，随机应变、举一反三。
> 理有百断、巧尊颜面，话有千说、干戈玉帛。
> 沟通谈心、倾听为赢，成人之美、意犹未尽。

"局面境遇、懂理识趣，审时度势、进退合适"：生活或者社会活动中，进入群体环境，自然要迅速识别局势与氛围，并心领神会地默契配合，根据现场局势动态决定进退或应付，把握言行分寸。

"机灵豁达、见眼施法，随机应变、举一反三"：社交中，要有自我意识，保持机敏灵活，看得到事态与人情动态，随时予以协助或配合补台。根据变化，及时反应恰当应对，要有自主意识，凡事不要呆板死磕，主动作为，快速、合理完成更多的事项。

"理有百断、巧尊颜面，话有千说、干戈玉帛"：遇到评断是非时，要坚信并立即找到双赢的思路，至少不要让失利方当面难堪，俗话说"话有千说，里有百断"，辩论的经历多，就越容易找到合适的言语，让双方满意，化解矛盾。

"沟通谈心、倾听为赢，成人之美、意犹未尽"：交流谈心，要多听对方诉说并积极回应。吐尽心中苦闷后，人的心情就会好转，矛盾就容易解决。感知别人的愿望，在不伤大雅的情况下，顺势满足对方的愿望，让别人感觉到你的豁达开明、胸怀宽广、有情有义。

———— 逐贤达

凡人双面、明暗相间，放下抱怨、走出泥潭。
穷途思变、勤学苦练，典籍诗篇、智慧探源。
大千不见、井底看天，圣贤一言、醒悟十年。
绅士为邻、附雅洗尘，伯乐贵人、三生有幸。

"凡人双面、明暗相间，放下抱怨、走出泥潭"：人在社会交往中的情感表现都有双面性与边界感，有公开的，也有因不愿、不能、不便或不宜让人知道而隐藏的，要善于把握或控制自己的隐私分寸，避免触犯公序良俗，正视或留心别人的私密边界，避免受到伤害或引起尴尬。人都有不如意之时，只有放下对外界的抱怨，才能静下心来，找到出口和方向。

"穷途思变、勤学苦练，典籍诗篇、智慧探源"：人在无路可走时，更易于改变自己，讨教求学、苦练本领。国学经典及古往诗篇，饱含人生智慧与济世情怀，多阅读文史，可以丰富认知。

"大千不见、井底看天，圣贤一言、醒悟十年"：没见过大千世界的人，见识少，胸襟与思路局限大，若受到成功人士的点拨或古今圣贤的启发，视野与格局可能迅速打开，思维豁然开朗，不走弯路，奋斗的人生甚至可以节约十年。

"绅士为邻、附雅洗尘，伯乐贵人、三生有幸"：在文雅的人际环境中，耳濡目染，人会变得知书达理，即使没有交流，心灵也会得到净化。有智慧来发现并启发你成功的是伯乐，有实力来帮助你成就你的是贵人，遇到伯乐或遇到贵人，都是天大的幸运，要善待、要珍惜、要顺势而为。

思路篇注释

—— 视角

烦恼纠结、远近取舍，局位转换、通透豁然。
屋子黑暗、先找开关，头绪纷繁、主次不乱。
动机之求、栽花插柳，历经拥有、不为俗因。
看重喜欢、价值观念，光阴不还、钱财何干。

"烦恼纠结、远近取舍，局位转换、通透豁然"：每个人经常会遇到烦恼或纠结的事，其实用自己有限生命的眼光来掂量评估这件事，会发现也就是一件小事，对未来没有影响或者没有确定的影响。有些事是自己跟风社会焦虑潮流的结果，为了一个不确定的远期目标，挤压或牺牲了眼前不会再回来也不能弥补的美好时光。从老人的位置与角度来看，过好当下，珍惜眼前的时光与开心才是金不换的选择，那些挖空心思、念念不忘的纠结、痛心疾首、挥之不去的烦恼其实是小题大做了。

"屋子黑暗、先找开关，头绪纷繁、主次不乱"：人生前面都是未知数，犹如在昏暗的房间中看不清事物，迷茫时要抓住关键，首先找到带来光明的开关，瞬间你就可以看清方向。面临繁琐事项，要学会根据轻重缓急去安排实施顺序，抓住主要矛盾。

"动机之求、栽花插柳，历经拥有、不为俗囚"：越是努力追求的东西越不容易实现，就像谚语"有心栽花花不开，无心插柳柳成荫"，做事只从自己的角度出发，穷追猛打、急不可待、一味索求，别人感觉到你动机不纯，就会刻意回绝。经历过拥有或成功的人，心态平和，做事也善于从利他考虑，不急于求成，看似无所谓，反而容易取得别人信任而成事。一个拥有经验的老人，一个拥有资本的富豪，一个拥有智慧的圣人，一个具有高贵品性的君子，不会为不义之财而丧失原则与底线，也不会为凡俗小事羁绊思绪与心境。

"**看重喜欢、价值观念，光阴不还、钱财何干**"：价值观是一个带有明显主观色彩的概念，自己看重就意味着对自己有价值，所以价值观的通俗理解，就是各自习惯性的看重与喜欢。时光飞逝，弹指一挥间，追逐钱财时也不要耽误享受生活，岁月流走后就不会回来，时光才是每个人最大的价值。

　　　　　　破局

　　被动任务、负担应付，内心愿望、活力奔放。
　　厚积师说、痛快解惑，用以致学、不知不觉。
　　认识深远、直觉关键，问题死穴、百思其解。
　　千锤百炼、左右逢源，潜质洞察、才子天下。

"**被动任务、负担应付，内心愿望、活力奔放**"：自己想做事，内心有愿望有期待，干起来开心快乐，做得又快又好。被要求或被指派去做事，内心缺少兴奋的驱动，就会有应付的心理，成为负担。

"**厚积师说、痛快解惑，用以致学、不知不觉**"：知识、见识、经验、认知、智慧积淀深厚的人做老师，可以直击要点、三两句话澄清事实、解开疑惑，让人感觉醍醐灌顶、水落石出、干净利落、清爽痛快，学习高效轻松愉快。自己在实际中要根据需要去拓展认知、寻找途径或答案，带着疑问与期待，一路获取新的见解，不断接触已经忘却或错过的理论或技能，待项目干完时会发现短时间内已经高效地弥补了过去落下的知识点。类似经历多了了，不知不觉中，掌握的知识就系统化了。

"认识深远、直觉关键，问题死穴、百思其解"：认知与意识要达到高深的境界，不仅需要逻辑解读与分析，更需要直觉与感悟。一些难题，反复思考时思绪进入潜意识，人在休闲、睡眠或做其他事的过程中，大脑会在松弛中继续活动，飘散的模糊逻辑或思维云随机碰撞，神经元产生奇妙连接，获得灵感，最终突破常规思维，化解难题。潜意识是随时存在的，潜意识会与显意识交互，高效运行并交互作用，潜意识的存在可以在睡眠的冥冥中体验到，做梦就是潜意识的活动，醒来还记得的片片梦境就是潜意识活动留下的痕迹。

"千锤百炼、左右逢源，潜质洞察、才子天下"：大量高强度高频次的历练让人娴熟有加，做事可以得心应手。识人也是如此，伯乐可以从平凡中解读人的各种潜质，发现每个人都具备不同的潜质优势，满眼尽是人才。

职业篇注释

素质品性

人才评定、能力品性，求是诚信、公正廉明。
主动积极、不计小利，懂事明理、自律集体。
敢想敢拼、魄力推进，专注勤恳、落地生根。
技艺修养、业绩有望，思路情商、职业沙场。

"人才评定、能力品性，求是诚信、公正廉明"：是不是人才，关键看能力与品质，体现在做事求真务实，有魄力有担当，为人真诚守信，处事公平正义，为公廉洁坦荡。

"主动积极、不计小利，懂事明理、自律集体"：与人共同做事，要有主见并自发行动或配合，不要等别人来支配。不计较个人得失，通情达理，克服任性，服从大局。

"敢想敢拼、魄力推进，专注勤恳、落地生根"：要具备敢想敢干的精神，有毅力有定力，专注、深耕，将一件件事落到实处。

"技艺修养、业绩有望，思路情商、职业沙场"：专业素养与业务技巧是业绩优秀的基础；为人有温度，处事有分寸，做事有思路，是职场顺利的保障。

——— 做事能力

受命事项、背景查访，进度提纲、总结呈堂。
周密行动、下沉出功，缓急轻重、次序调控。
问题发现、巧妙完善，危险困难、当机立断。
匠术高明、理论精深，雷厉风行、工作规整。

"受命事项、背景查访，进度提纲、总结呈堂"：接到任务后要及时弄清任务目标要求与背景条件，按照时限策划步骤，组织实施。懂得请示汇报，过程有记录，完成有总结分析，最后得出结论并提交书面报告。

"周密行动、下沉出功，缓急轻重、次序调控"：做事要周密细致，还要沉下去结合实际情况，才能找到着力点，把本事发

挥出来，善于抓大放小、先急后缓，根据时间与精力的分配，采取内容分解与次序组合的方式，提高整体效率。

"问题发现、巧妙完善，危险困难、当机立断"：以找差别的眼光，找出问题，解析故障机理，解决修复。觉识到危险源或麻烦隐患，迅速排除、果断处置，把事故消灭在萌芽中或避免事态扩大。

"匠术高明、理论精深，雷厉风行、工作规整"：理论深透、手艺高超、做事快捷、成事规范。做事可以用"钻、术、效、果"来评价。

---- 业务能力

强势推销、路人吓跑，饥饿诊疗、循序引导。
客户之声、乖巧听音，谦卑诚恳、随叫出行。
口碑传信、特色攻心，立竿见影、长效固本。
实战通关、身手合范，议价签单、悠然聊天。

"强势推销、路人吓跑，饥饿诊疗、循序引导"：灌输式推销，会让人心生疑虑，找借口逃避，只有从客户遇到的困难与需要着手，用自己的产品或服务去化解他的烦恼，才能获得介入的机会。成交是以客户对你产品或服务的迫切需要为基础的，推销需要换位思考，用巧妙的语言或故事引导客户，让他意识到你对他的重要性，或者让他有划算甚至占了便宜的感觉。

"客户之声、乖巧听音，谦卑诚恳、随叫出行"：客户有诉求，需要耐心倾听、顺势应对，对盛气凌人的客户还可能需要辅以巧妙乖伶及恭维的神态。业务员要有热情、真诚、谦虚、恭敬的为人态度，要有勤勤恳恳、周到细致、随叫随到的服务精神。

"口碑传信、特色攻心，立竿见影、长效固本"：想要产品或服务能够被客户接纳，口碑是品牌的基础、特色是敲门砖，立竿见影是入场券。理论上，只有良好功效的产品或服务才能让客户持续受益、不离不弃。

"实战通关、身手合范，议价签单、悠然聊天"：市场中的客观现实不一定是合理的，影响客户评价的因素众多，无论提供的产品或服务是否真的有问题，合作中也难免有差评或投诉，这就需要业务员具备承受委屈、舒缓紧迫、辨识真伪、澄清事实、协调补救、化解纠纷的素质或能力。此外，业务员需要具备相关的业务知识与技能，比如产品性能及验证方法、使用程序及注意事项、价格水平及成本要素，以及合同标书、装卸储运、货款账期、票据单证、结汇背书、司法诉讼。无关文凭学识、资历出身，只有在实践中获得成功的业务员才是佼佼者，才是推销人才，他们谈业务轻松悠然、从容淡定，在看似闲聊之间，实现大小订单的成交与货款的按时回收。

———➤ 管理能力

职责厘清、绩效合身，体系要领、秩序场景。
作业规定、操作培训，检测放行、指标烙印。
原料器皿、分类标明，设备修整、除旧维新。
了事归顺、月结日清，统计连心、档案蓝本。

"职责厘清、绩效合身，体系要领、秩序场景"：本句涉及生产或服务中的基础管理，其内容表现在四个方面，可以用"责、绩、章、序"来概括。应该做什么事、负什么责，就是岗位职责。怎么算做好，以什么标准验收工作的数理与质量，怎么计发对应的劳动报酬，就是绩效方案。生产或服务要做到受控，就需要领

悟质量、环境、安全、健康等标准体系精神，创建适合自身的控制体系，就是规矩章程。生产或服务的现场实物排列及状态景象，就是秩序。

绩效、职责、规章与秩序这四个基础管理的具体实施，包含建立完善、宣传培训、查验兑现三个基本过程，这里用"立章、显章、循章"来简单概括。

"作业规定、操作培训，检测放行、指标烙印"：本句涉及生产或服务中的质量管理。质量指标要符合产品标准或客户要求，作业方法要符合工艺规定，实验检测与结果放行要符合技术条件。做好现场解释与动作培训，让这些指标与方法，深刻烙印在一线人员的意识里与行动上，确保产品在使用中或服务在呈现时，达到应有的功效或满意度。

"原料器皿、分类标明，设备修整、除旧维新"：本句涉及生产或服务过程中的现场秩序管理，生产中也叫定置管理。装备、工具、原料、耗材、产品、工位等，需要按照生产或服务流程的方便，分类放置在合理既定的位置，并挂上显著的标识，不用或废弃的转移入库或处置。为了持续保持生机与活力，要对房屋及办公生活设施、生产设备及工装等硬件环境，定期维修保养、淘汰更新或翻新。秩序管理可以用"清除、清楚、清新"来简单概括。

"了事归顺、月结日清，统计连心、档案蓝本"：本句涉及生产或服务中的验收管理。做事要有始有终，定期对工作任务的完结情况作出分析或统计，做到心中有数，对阶段性工作要总结汇报或整理归档，以便今后使用。

———→ 带队能力

群体招感、愿景清单，执业垂范、激励暖言。
计划派单、时限要点，监督进展、反馈评判。
审视全面、补齐短板，功过兑现、威信积淀。
远瞩高瞻、脱俗领衔，成绩奉献、要职升迁。

"群体招感、愿景清单，执业垂范、激励暖言"：带团队时要有创意与本事，作风正派，带头实干，树立共同的目标，善于用信心、关心鼓舞士气，激发群体的热情与创造力。定期检查成

员的行为表现其至着装语言，激励创新，持续激发团队活力。

"计划派单、时限要点，监督进展、反馈评判"：发出号令，文本规范、术语专业，简单明了、通俗易懂。安排任务，交代清楚目标与时限要求，予以指导并确认领悟。关注过程进展，跟踪检查防止重大偏差。验收结果，总结经验教训，并向责任人反馈成效，评价功过。

"审视全面、补齐短板，功过兑现、威信积淀"：指挥调度，合理安排时序交错与难易快慢组合，动静结合远近平衡，以全局思路干预调控。过程中，奖罚分明，把握整体进程，积累管理威信。

"远瞩高瞻、脱俗领衔，成绩奉献、要职升迁"：久经职业实践，历练了意志，拓宽了胸怀与眼界，提升了职业素养，积累了业绩贡献，打开了事业局面，一个普通员工就逐渐成长为举足轻重的高层管理人员了。

创业篇注释

格局气魄

当家做主、身先士卒，开疆拓土、愿赌服输。
胆小怕累、展翅不飞，循规蹈矩、开创无局。
欲望念想、利他共享，涉猎宽广、务实敢闯。
功名利禄、无须贪图，醒戒法度、全家安舒。

　　"当家做主、身先士卒，开疆拓土、愿赌服输"：敢于先行先试，敢于成头领跑，在未知领域，大胆探索，奋力开创，义无反顾，一往无前。

"胆小怕累、展翅不飞，循规蹈矩、开创无局"：胆量小的人很难走出创业的第一步，就像雏鸟学飞一样，初期只会在窝里扑打几下翅膀，不敢跳出巢窝。一个瞻前顾后、机械呆板、生怕越雷池半步的人，是无法打开局面的。

"欲望念想、利他共享，涉猎宽广、务实敢闯"：求事求成，不能只考虑自己，要考虑对方的利益，给别人带来好处。广泛接触社会、科技、人脉、产业，视野开阔，阅历丰富，思想成熟，做事胆大心细，思路切合实际。

"功名利禄、无须贪图，醒戒法度、全家安舒"：追求事业，不贪图过多的名利，够用即可。敬畏法律、操守禁戒，自己才不会失去理智而触犯刑律，全家才能过得安然舒适。

———▷ 商机意识

积瘴痛点、商机无限，工业纵览、隐形锁链。
项目圈层、发明资讯，创业历程、机会衍生。
毛利核算、潜力判断，立项调研、决策果敢。
集群攻关、瓶颈顶板，延伸高端、市场非凡。

"积瘴痛点、商机无限，工业纵览、隐形锁链"：凡俗感性的直觉让人更容易发现创业项目，在事业的进程或其他经历中，一切瑕疵与问题、烦恼与困难就是市场的短缺，都隐含着大大小小的商机。如果有机会进入工业领域，深入产业链的上下游及一些具体工艺环节，你会发现各种各样的大大小小的废品、工艺缺陷或损耗困境，这些问题通常持续存在，不被常人知晓，但的确都是程度不同的创业契机。

"项目圈层、发明资讯，创业历程、机会衍生"：行业的学术交流、科技发明的内容公示，会带来大量不为社会层面知晓的配套需求与技术诀窍，可以作为创业的灵感或项目原始信息。创业者开拓各种资源，争取多种渠道，遇到多种困难，但其间也可能发现新的更加容易的项目。顺势探索，可能在成本、质量、功效或市场等方面取得意外的进展或突破，衍生出新的机会，由此放弃初始项目而耕耘新项目。

"毛利核算、潜力判断，立项调研、决策果敢"：创业中要依靠财务核算，以会计数据为依据识别经营状况，分析项目潜力、资产变现、未来发展与风险衍变，果断决定项目的收放取舍。

"集群攻关、瓶颈顶板，延伸高端、市场非凡"：创业中遇到问题，要带领团队埋头钻研，突破瓶颈或业界天花板，这不仅能推动项目进展，而且还可能由此发现新的高附加值产品，获得全新而巨大的市场机会。

有散有聚、契约为序，共同参与、适薪适履。
团队精英、选育外聘，亲友参政、预防斗争。
任人唯贤、扬长避短，信任放权、情责共担。
名师历练、巨细典范，能人指点、成功有缘。

"有散有聚、契约为序，共同参与、适薪适履"：合作或就职难免分分合合，需要把钱物投入、精力劳动投入、成果分配与风险分担等相关要点写入协议，确保好聚好散，秩序井然。一起做事、一起分享成果，履职与薪酬契合企业状态，参与者就更有激情与动力。

"团队精英、选育外聘，亲友参政、预防斗争"：经营事业需要的人才，尽可能从外部聘请。亲友进入团队，由于心理容易失去平衡，需要有特别直观简单、清楚明确的责权利计算办法，防止赚了钱而丢失了亲情。

"任人唯贤、扬长避短，信任放权、情责共担"：只顾情面不顾局面的管理者，优柔寡断，裹足不前，最终既坏事又得罪人。任何人都有独特的优缺点，用人要重品性、素质与能力，用其所长。认定的人才，要发挥其潜能，必须充分信任其品性与能力，充分授权，让其放下顾虑、自主想办法、主动开展工作。出了成绩，不要吝啬认可，要及时表扬或奖励；出了问题，要分清责任，看其动机或错误的级别，按照规定给予适度的处罚。

"名师历练、巨细典范，能人指点、成功有缘"：经过正规历练的创业者，其职业素养较好，做事严谨。经过成功者的指点，创业成功就会由小概率变为大概率。

———— 产业素养

品牌维护、创新高度，质地感触、精工美图。
客户开拓、责权利落，渠道规模、万涓成河。
机制流程、效率指针，装备水平、能级见证。
研发营运、金融资本，质效成本、竞争核心。

"品牌维护、创新高度，质地感触、精工美图"：产品的技术水平是品牌的基础，要不断创新技术才能在市场竞争中持续维护品牌影响力。材质及表面、轮廓及外形、包装及外观、图文及标识，更要给人以精致、美观的感官体验。

"客户开拓、责权利落，渠道规模、万涓成河"：要打开销路，就需要优秀的销售人员，有明确的任务目标与责任权力界定，有直观的收益景象，有公平、简单的成果分配算法，有及时的兑现能力。要做大规模，就需要流量，就要建立广泛而畅通的销售渠道，就像雨滴，可以通过无数的涓涓细流汇集成河，磅礴入海。

"机制流程、效率指针，装备水平、能级见证"：产业管理者，既要懂得"人、机、料、法、环"这些管理要素，也要懂得"质量、安全、环保、健康"这些管理体系；既要懂得产品技术，也要懂得工装设备。管理机制，决定着企业的活力；工艺装备，决定着企业的生产力水平。

"研发营运、金融资本，质效成本、竞争核心"：需要重视研发，懂得营运，懂得融资与资本运作。产业要立于不败之地，需要不断更新工艺与技术，以提高产品质量与功效，扩大销量，以降低成本。业内领先的质效成本，是市场优胜的核心。

────→ 风险控制

一专多能、轮岗施政，权限制衡、组织平稳。
竞业艰难、谨防暗箭，数据账单、机要监管。
危机应对、机制敏锐，重视传媒、缓解追随。
安全隐患、紧急预案，突发事件、快速控盘。

"一专多能、轮岗施政，权限制衡、组织平稳"：做事业，要能够保持定力，主导群体方向，把握进程节奏，控制事态局势，防范危机风险。为了让组织保持动态平稳前行，要选育一专多能人才，让重要岗位可以定期轮换；要善于把握人的心理状态与行为动机，设置权限分割，互相制约，确保权力制衡。

"竞业艰难、谨防暗箭，数据账单、机要监管"：创业就面临竞争，在利益与生存面前，需要提防对手使用阴招，要懂得阴谋诡计，防范明枪暗箭的攻击。要有强烈的隐患与保密意识，关键岗位需要配备可靠人员，机要数据文件需要设置密级，分级保管。

"危机应对、机制敏锐，重视传媒、缓解追随"：一旦出现安全事故或舆情事件，需要有专业高效的应对机制；若有媒体关注，必须高度重视，尽快让专业人员用专业办法果断处置，把灾难消灭在萌芽中。

　　"安全隐患、紧急预案，突发事件、快速控盘"：安全，特别是人身安全，关乎事业的存亡，务必高度重视。要遵守国家安全法规，建立安全管理制度，有安全应急预案，有安全检查与事故隐患排查机制，组织灾害事故处置演练。遇到突发事件时，要能够熟练沉着应对，快速控制局面，阻止灾情扩散，防止二次伤害，减少损失，按照法律规定及时向政府主管部门如实通报事故情况。